マネジメントを楽にする
ゆるリーダーシップ

渡邊幸洋

ぱる出版

ゆ

はじめに

「ゆるリーダーシップとは、なんだ？」
「ゆるいリーダーシップなのか？」
「リーダーシップをゆるくしたらダメだろ」

この本を手に取って頂いたリーダーの皆さまからは、このような声が聞こえてきそうです。

「ゆるリーダーシップ」は、ゆるいリーダーシップのことです。リーダーシップは、ゆるくてもいいのです。

自身のリーダーシップを真剣に考え、たどり着いたリーダーシップが、「ゆるリーダーシップ」です。ゆるい感じのタイトルになっていますが、とてもまじめな内容です。

リーダーである皆さまの悩みには、

「リーダーになったけど、メンバーが思うように動いてくれない」
「会社を継いだけど、ベテラン社員がやり方を変えてくれない」
「社員はどうして一緒に頑張ってくれようとしないのだろう」
「最近の若者はすぐに辞めてしまうから伝え方がわからない」

組織があれば、人間関係に関する悩みは、次から次へと出てきます。簡単に解決することができないことばかりです。

リーダーになるよりも、メンバーとして使われているほうが楽だからという理由で、出世を拒否する人もいます。それだけ、人の上に立つ人間関係は難しいものです。

経営者と社員、上司と部下、リーダーとメンバー、立ち位置は違っても、悩みを解決するためには、リーダーシップを発揮しなければなりません。一対一の場合でも、一対多数の場合でも、リーダーには、メンバーと信頼関係を構築し、成果を出す役割があります。

変化が激しく、リーダーが考えていては、遅い時代になっています。変化に対応し、スムーズに運営するためにも、主体的に動くことができる、メンバーの自律性が求められます。

メンバーの自律性を求められる時代ですが、中小零細企業では、社長ありきの会社が多くあります。社長に依存する傾向が強くなると、ティール組織のような

はじめに

自律型組織にしていくことが、難しくなります。仕組みづくりにルールの徹底、リーダーシップを発揮しながら、社員と強く関わっていくことが必要になります。

さらに、プレイヤーの側面を持つ社長であれば、時間をつくることすら難しいでしょう。

中小零細企業にも関わらず、自律型組織を実現させたリーダーシップが、「ゆるリーダーシップ」です。

「ゆるリーダーシップ」とは、個々を尊重し、自由で寛容的な関わりをする「ゆるいリーダーシップ」、関わりや負荷を減らす「ゆるめるリーダーシップ」の総称です。

寛容的な関わりをすることで、自律型社員が育ち、成果の上がる組織をつくることができます。しっかりやるよりも楽になります。さらに、自由に使える時間が増えるので、次の一手も打ちやすくなります。

コロナ禍、人材不足、資材高騰など変化が激しく、きびしい環境にあります。先行き不透明、予測困難な時代の中で、採用や定着に困ることなく、安定した業績を残し、設備投資や製品開発、事業展開と順当に成長を遂げられています。

本書は、経営者からの目線で書かれていますが、幅広いリーダー層の皆さまにも、お役立てできる内容になっています。

自信がなく、動けないリーダーの皆さま、きびしくしても、やさしくしても、若手社員に辞められてしまうリーダーの皆さま、組織を改善しようにも、ベテラン社員が変化を嫌い、うまくいかない2代目社長の皆さま、頑張っても成果につながらず、苦しい思いをしているリーダーの皆さまに、新たな視点で、上下関係のコミュニケーション術をお伝えします。

「どんなリーダーになりたいのか？」「どんなリーダーシップをどれだけ発揮するのか？」本書の考え方や行動をたたき台に、人との関わり方や組織のつくり方を考える機会にして頂ければ幸いです。

人間関係の苦悩から解放され、笑顔で働ける人が増えることを願っております。

渡邊　幸洋

もくじ

第3章

もくじ

第5章

「ゆるリーダーシップ」は永続企業をつくる　175

第1章

マネジメントを楽にする「ゆるリーダーシップ」

ゆ 臆病社長がたどり着いた「ゆるリーダーシップ」

私が経営している会社は、北海道にある社員20名ほどの製造業です。

昔は業績もよく、ピーク時には50名ほどの社員で4億円前後の売上を10年間継続していましたが、売上高の半分を占めていた受注が終了し、翌年以降の売上は半分の2億円程度になります。その後も売上高は下降をたどり、業績は改善されないまま、27年間ほぼ赤字が続きました。

私が会社を引き継いだのは、そんな業績の低迷が続く平成20年12月のことです。倒産寸前のこの会社を自分が立て直せるとは到底思いませんでした。自分自身は能力も低く、人を引っ張っていくことも苦手にしていたからです。

自信は全くなかったものの、代表者になったからには、この会社を何とかしなければいけません。私は「会社を永続させることが、自分や家族、社員の幸せだ」と考え、次から次へと改善策を強制的に実行します。

自分の意見を言ったり、実行したりすることは臆病な私には苦手なことでしたが、経営者にはそれが必要だと考え、努力していたと思います。すると、業績は徐々に改善していきました。

全力で実践して、結果が出てくると人は自信を持ちはじめます。

今思えば、当時の私は改善案を進めるときも、社員が取り組めるかどうかは関係なく、立て直すために全力を尽くしているのだから、やって当たり前という感覚で押し通していました。リーダーシップを発揮して業績改善という結果を残し、「すべてがうまくいっている」と感じながら経営をしていました。

しかし、代表者就任4年目、「やり方についていけない」「給与が上がらないのにやることが増えて、やっていられない」と、立て続けに退職者が出ます。

このときに、自分は「社員のため」と言いながら社員のことは見ておらず、業績ばかりを見ていたことに気づかされました。形式的に頑張って成果は上がったものの、組織としては〝良い〟状態ではなかったのです。


社員は会社にとって財産です。

私は、「業績を大事にしながら、社員を大切にする」と改めて決意し、何が社員のためになるのか？を考えました。具体的には声を聞くことを重視した個人面談を取り入れ、社員の不満に思っていることや会社に改善してほしいポイント、ささいな不安まで丁寧に耳を傾けました。

実際のところ、想像していた以上に様々な意見がありました。私は経営者として、その意見を経営方針や経営計画に盛り込むことが組織の改善につながると考え、様々な施策を実行していきました。その結果、組織として良くなるどころか、売上高は2倍になり、業績も上がっていったのです。

このことから私が気づいたのは、全力で会社を引っ張るだけが良い経営ではないということです。会社にいてくれる社員一人ひとりを大切にし、感謝をする。

これが、「ゆるリーダーシップ」の根源です。

ゆ 「ゆるリーダーシップ」とは何か？

「ゆるリーダーシップ」は一言で言うと、**マネジメントが楽になるリーダーシップの考え方**です。リーダーが部下との距離を自らとることでマネジメントを楽にしながら、自律型組織の形成が目指せます。

リーダーになると仕事に対する裁量が大きくなり、業務の種類も変わります。

実際になってみて、自分で思っていたよりもチームのマネジメントが苦手な人や、部下との関係がうまくいかないという人は多いのではないでしょうか。そういう人ほど、「リーダーとして頑張らなくては！」と思い、私のように気づいたときにはドツボにはまってしまいがちです。

しかし、リーダーの役割は「頑張る」ことではありません。部下に力を発揮してもらい、**会社やチームとして成果をあげる**ことです。

「ゆるリーダーシップ」では、あえて管理をゆるめます。**リーダーが部下から距離をとることで、部下が自分で考えて行動せざるを得ない状況をつくり上げる**のです。リーダー自身は四六時中部下を目にかける必要がなくなり、部下は成長して成果を出していく。まさに一石二鳥の考え方なのです。

「ゆるリーダーシップ」を実現していくためには、まず、リーダーが管理の手綱をゆるめていく必要があります。具体的には2つの要素をゆるめることが必要です。

❶ 関係性をゆるめる

組織には基本的に「リーダーと部下」のような上下関係が存在します。

「ゆるリーダーシップ」では、この上下関係のとらえ方をゆるめ、対等な関係を築きます。実際、上の人は偉いのではなく、一つの組織を成立させるための役割が違うだけです。肩書は存在するけれど、コミュニケーションをとったり、仕事を一緒にするときは対等な関係でいるようにしましょう。

リーダーになって「部下を引っ張る」「部下をまとめる」など、自分が頑張ることに一生懸命になると、周囲が見えなくなってしま

いがちです。つまり、部下がどう感じているか？を見逃してしまうのです。それでは支えてくれているメンバーを苦しめる結果になりかねません。

対等な関係を築くことができると、自分だけが必死に頑張っている状態から抜け出し、周囲も一緒に頑張ってくれるようになります。一緒に頑張ることによって、お互いに支え合う気持ちが生まれて信頼関係ができていきます。

信頼関係は、リーダーが部下に仕事を任せるためには不可欠です。普通に考えて、信頼できない人には仕事を任せられませんよね。**信頼関係があってこそ成立するのが「ゆるリーダーシップ」**。そのために、まずは対等な関係をリーダー自ら築きに行くことが大事です。

大前提として、**組織というものは人がいないと成り立ちません。**リーダーは、

会社にいてくれる社員は重要な財産であるという認識を持ちましょう。

大切な存在である社員に対して、張り詰めた緊張感は必要ありません。関係性をゆるめ、対等な関係を築いていくことで、自律型組織が形成されていくでしょう。

❷ 理想をゆるめる

組織を改善していくためには理想の目標を掲げ、その目標を達成させるための働きを社員に求めていくのが一般的でしょう。しかし、理想が高いと、それを目指して躍起になるので、理想と能力の間にギャップが生まれます。そのギャップは社員にとって過剰な負荷になり、不満や離職につながっていきます。

この負荷を減らすために、「ゆるリーダーシップ」では理想をゆるめます。**社員の能力をベースに目標を考える**のです。

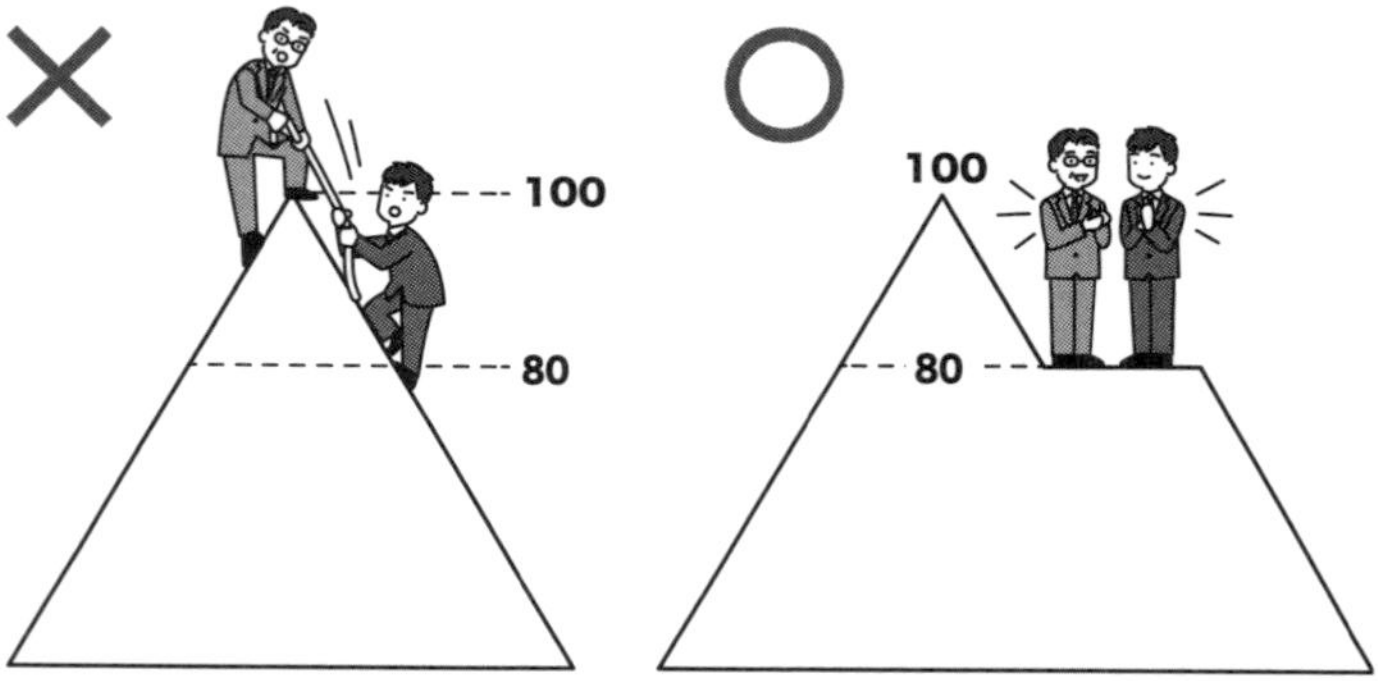

理想を１００としたときに、現実の能力が80だったとしたら、一般的な企業では、不足している20を埋めていこうとするでしょう。

一方で、「ゆるリーダーシップ」では、現実の能力である80を発揮して80を達成するところが目標です。持ち合わせている能力を発揮できれば十分と考えることで負荷がかかり過ぎることはありません。この80を無理なく継続していくことがやがて成長につながり、自律型の組織になっていきます。

離職は重要な財産を失ってしまうことです。個人あっての組織と考え、社員の能力をベースに目標を掲げることで、持続的な組織を実現していきましょう。

ゆ 「ゆるリーダーシップ」を取り入れるメリット

「ゆるリーダーシップ」を取り入れると、2つのメリットが期待できます。

❶リーダー側の心理的負担の軽減

リーダーの心理的負担として大きいのが、周囲との人間関係です。多くの人が、全員と良好な関係を築くことは難しいと感じているでしょう。

「ゆるリーダーシップ」では、対等で信頼しあえる関係が築けているため、リーダーの心理的な負担の軽減が実現します。

まず、部下との距離をとることそのものが、心理的負担を減らします。部下との距離が近いときは、「仕事を正しくさせよう」「うまくいくようにしよう」と思い、リーダーはプレッシャーを感じるはずです。もしうまくいかなければ、リーダーは焦りを感じ、部下を追い詰めることになるでしょう。

さらに、部下からすればこの状況はリーダーからの押しつけです。正解や成功を求められると反発につながりますので、リーダーの心理的な負担はさらに大きなものになってしまうでしょう。

関わりをゆるめ、押しつけない。リーダー側ですることは、「任せる」ことだけです。任せてしまえば、部下が自分で考えて行動してくれるため、いちいち心配しなくてよくなります。任せることで心身ともに楽になるのです。

❷自律型組織の形成

自律型組織とは、**社員が自らの意志で主体的に行動できる組織形態**を指します。

「ゆるリーダーシップ」では先の説明の通り、リーダーとの関係性をゆるめることで**社員一人ひとりが自ら裁量を持ち、考えて行動する状況をつくり出します**。この考え方自体が、自律型組織の考え方と同じなのです。

「できる・できない」「うまくやれる・やれない」「正しい・間違っている」に関係なく、自分で考えて行動してもらいます。

特に中小企業では社長に依存する傾向が強くあり、自律型組織の形成は難しいと言われています。仕組みづくりやルールの徹底など負担も大きく、プレイヤーの側面を持つ社長であれば、時間の確保すら難しいこともあるでしょう。

そんなお悩みを抱える中小企業にも、「ゆるリーダーシップ」はおすすめです。

リーダー自らが〝ゆるめる〟ことで成立するため、どんな企業でも取り入れるこ

とが可能なのです。仕組みづくりやルールも、社員自身で考えて行動してもらうようにしていきます。

ただし、理想が高すぎると、自律型組織をつくる難易度が高くなります。その理想を達成するために高い能力が必要になったり、上司が部下に指示やアドバイスをして考えに干渉する場面が増えるからです。いつまでもでき上がらない自律型組織であれば、一部分からでも理想を下げてみるのもいいかもしれません。本当の理想からはやや離れる、簡易的なものかもしれませんが、「ゆるリーダーシップ」を取り入れれば、自律型組織はつくれます。簡易版でも年月が経てば、社員の成長と共に積み重ねでレベルが上がっていきます。

結果的に離職率の低下、業績の向上、リーダー自身の余裕が出るため、経営の安定につながります。このように「ゆるリーダーシップ」は、会社にとって様々なメリットをもたらすのです。

ゆ「ゆるリーダーシップ」に必要なマインドセット

「ゆるリーダーシップ」を成立させるためには、リーダーが守りたい5つの考え方があります。すでに簡単に触れたものもありますが、改めてここでまとめておきますので、何度も振り返ってみてください。

❶部下の考えを尊重する

「ゆるリーダーシップ」では、**部下一人ひとりの考えを尊重**します。**自分で考えて行動することが大前提**だからです。

考えを尊重するときは、**リーダー個人の評価基準や価値観は捨ててください。**

リーダーが良し悪しの判別をしてはいけません。リーダーの基準が入ってしまうと、部下は自由に考えられなくなってしまいます。

尊重できるのは、リーダーが部下を信頼しているから。その信頼を受け取った部下は安心して自分で考え、行動することができるようになります。

ただし、**部下の考え通りにすべての物事を進めるわけではありません**。すべてを思い通りにしてしまうと、企業として成立しなくなってしまいます。

判断基準は、経営理念に沿っているかどうかです。この後の④で詳しく説明します。

部下の考えを尊重することは、信頼関係を築くことにもつながります。

信じて任せようとすると、部下は期待に応えようとしてくれるものです。

部下の自律、信頼関係の構築につなげるためにも、部下の考えを尊重することが重要です。

❷ 失敗を推奨する

「ゆるリーダーシップ」では、**部下の成長を期待して失敗を推奨**しています。物事に取り組んだ結果が失敗に終わったとしても、経験値を積み、成長することができるからです。

ビジネスの世界では、「成功を目的とした失敗」を多くのリーダーが推奨しています。失敗は成功への第一歩だと考え、挑戦を促す考え方です。

一方で「ゆるリーダーシップ」での失敗の推奨は、少し異なります。**成功ではなく、挑戦することのハードルを下げることが目的です。**経験値を積み、挑戦するだけでもいいと考えるのです。

「諦めなければ道は開ける」と促すことは、やり続けることを強要しているようなもの。そうではなく、次に活かすかどうかは、部下に自分で決めてもらうのです。必要に感じたら挑戦を続けるでしょう。

❸完璧を目指さない

「ゆるリーダーシップ」では、**部下の負担を減らすために完璧を目指しません。**完璧を目指すことで、心の余裕がなくなるのを避けたいからです。

いい緊張がいい仕事になると言われることもありますが、今の世の中は行き過ぎている感じを受けます。仕事だから「きちんとできて当たり前」「少しのミスも許さない」という空気感の中で、本当にいい仕事ができるのでしょうか？

完璧を目指さないことは、部下の考えを尊重するためにも必要です。完璧を目指してしまうと、「リーダーの考え通りに動いたほうが良い」となってしまう場合があるからです。

正しいこと、正解にとらわれず寛容的になる。許容という余白を持つ。そのために完璧を目指さないという考え方を持ちましょう。

❹経営理念をぶらさない

経営理念とは、会社の存在意義、何のために会社があるのかを表しているものです。**会社に所属する人の考え方や行動の基準**になります。

例えば、当社であれば経営理念の冒頭に「信頼され続ける企業を目指して」とあります。信頼されることを目指している企業が、自社の都合ばかりを考えて顧客を顧みない行動ばかりしていれば、信頼を失ってしまいますよね。だからこそ社員が自分で考えて行動するときも、経営理念を基準にすることが大切です。

もし、経営理念がない企業、あっても大切にしていない企業で社員に自由を与えてしまうと、「自分さえ良ければ」という気持ちが出てくることがあります。

組織のマイナスになるかどうかは考えず、自分自身のプラスだけを考えるのです。そうなってしまうと、結局、きびしいルールで縛りつけなければいけません。

経営理念は、**常に同じ基準で関わりを持てるため、信頼関係の構築にも一役買います**。リーダーの行動や判断基準が経営理念に基づいたぶれないものであることが、信頼につながるのです。

当社であれば、「常に前向きな姿勢で成長し」という文面があります。もし、私が社内で後ろ向きな発言をしていれば社員の信頼は得られないでしょう。経営理念を体現することが、リーダーに求められています。

人は無意識のうちに、自分の考えで基準を持ってしまうもの。リーダー個人の考え方は、経営理念ほどぶれないものではありません。機嫌に左右されることだってあります。それでは部下も納得しないでしょう。ですから、判断の基準にするのは経営理念が確実です。

❺成果を出すことは必須

ゆるくやるためには成果を出すことが必須です。リーダーはチームで成果を出すことが仕事です。ゆるくやって成果が出なければ、「ゆるくやっているからだ」と言われても仕方がありません。

成果を出せず業績が悪い状態になっていると、基準にしていた経営理念からも逸脱する事態が起きてしまう可能性があります。

例えば、製品をつくるときに必要な材料を国内製から安価な海外製に変え、品質を落としてでも利益を求めるなどはあり得る話です。最悪、業績の悪さから抜け出したくなり、改ざんや偽装などやってはいけないことに手を出そうと考えてしまう場合もあるかもしれません。

倒産させないために企業が成果を出すことは当たり前のことです。成果の出せない企業は消えていきます。チームに置き換えても同じです。成果の出せないチームは評価されません。

現時点で成果を出せていないリーダーの勘違いに「良い企業づくりをしていれば、あとから成果はついてくる」という考え方があります。**しっかりやることをやっていれば大丈夫と、リーダー自身が安心したいがために言っているだけと認識してください。**

「人を大切にする前に数字を大事にしろ」

これが、私の考え方です。数字（業績）をつくれてはじめて人を大切にすることができるのです。数字がリーダーの余裕を生み出し、器を大きくしていくのです。余裕と器の大きさが人間関係を楽にします。

人を大切にできないリーダーは淘汰されます。同じように、成果を出せないリーダーも淘汰されるのです。

ゆ 「ゆるリーダーシップ」を成立させるには リーダーの行動も必要

「ゆるリーダーシップ」を成立させるには、**リーダーは自己成長を続けなければなりません。**成果を出すことが絶対条件になるからです。

自由を与えて、ゆるくするだけなら誰にでもできます。しかし、業績が悪ければ、それは怠慢です。**ゆるくした中で、リーダーの責任である利益の確保は絶対。**プロセスよりも結果が求められるのは、「ゆるリーダーシップ」でも変わりません。

部下が力を発揮するにしても、リーダーの成長がなければ会社の成長はありません。リーダーが古い考えを変えられない、うまくいったやり方を捨てられない、変化に対応できないままでは永続する組織をつくることができないのです。

変化に対応し、結果を出し続けるためにも、リーダーは常に学び続けましょう。組織を良くするための情報を集め、時代の流れを抑えます。そして、新たなことを取り入れていきます。取り入れるときの判断基準は、部下が取り組めそうかどうかです。内外のバランスをとりながら、挑戦をして成果につなげていきます。

ゆるくして結果を出せなければ誰からも認めてもらえません。リーダー自身が成果を意識し行動することが必要なのです。

ゆ 「ゆるリーダーシップ」を実現させる「自律」

ここまで、「ゆるリーダーシップ」のメリットや、リーダー側の考え方を説明してきましたが、最終的な到達地点として、部下になって欲しい状態があります。それが2つの「じりつ」です。

1つ目は「自律」。自律とは、自分で考えて、自分自身をコントロールできることです。自分の意思を持ち、自分のルールに従って動きます。

2つ目は「自立」。自立とは、他人の手を借りずに自分の力だけで、業務を遂行できる状態です。頼まれた仕事を自分一人でやり遂げます。

「自律」は、精神面など内的要素の独り立ち、「自立」は、能力面など外的要素の独り立ちです。やり方を考え工夫ができる「自律」、一人で仕事ができる「自立」、この両方が備わっていることが理想です。

「自律」と「自立」の両方を備えていくときに、一般的には「自立」できるようになってから「自律」と考えるでしょう。まずは、一人でできるようになってから、その後に工夫して考えることができるとされているからです。

しかし「ゆるリーダーシップ」では、「自律」が先です。**自律ができれば、いずれ「自立」できてしまうという考え方**です。一人で仕事を完結させられない状態であったとして

も、自分の考え方やルールで仕事をすることはできます。部下自身が、どうやればできるようなるのか、自分のやりやすいやり方は何かを考えます。こうして自律しながら自立していくのです。

「自律」に対して「他律」という言葉があります。「他律」は、自分の意思を持たず、指示に基づいて行動することです。言われたことを言われた通りにやるので、責任を負わない仕事のやり方になり、指示待ちの傾向が強くなってしまいます。

「ゆるリーダーシップ」の実現には、社員の「自律」と「自立」が必要です。そのためリーダーは一歩離れ、仕事を任せられる状態をつくりましょう。人は任せられると考え出します。

第2章では、仕事を任せるための部下との信頼関係の構築の仕方を詳しく説明します。

Column

離職を防いだ個人面談

過去に「仕事と家庭の両立が難しいため辞めようと思っています」と相談を受けたことがありました。幸いにも個人面談の場での相談だったため、本人から詳しく話を聞くことができ、やることを減らして、短時間勤務にすることで、継続してくれることになりました。

現代は働き方が多様化しています。柔軟な対応がリーダーには求められています。働き方は、社員が会社に合わせる時代は終わりました。会社が社員に合わせる時代になっています。社員が辞めてしまい、欠員を探すよりも、どのような働き方であれ、残ってくれることが有難いと感じます。

一年でも長く働いてもらえることは、会社の財産になります。

第2章

ステークホルダーとの関係構築

ゆ 信頼関係の土台は「ちょうどいい距離感」

リーダーが部下との信頼関係を築くために必要になるのは、「ちょうどいい距離感」、つまり、言いたいことがあるときに言うことができる関係性です。言いたいことが言えれば、お互いにストレスなく楽に過ごせるでしょう。この「ちょうどいい距離感」が、信頼関係の土台になります。

「ちょうどいい距離感」には、**部下とつかず離れずの距離をとることが重要です。**

第1章で、リーダーから距離をとって自分で考える環境をつくる、とお伝えしましたが、実は距離をとりすぎても信頼関係は築けないのです。部下が困ったときに、「困った」と声をかけられる距離にリーダーがいることが重要です。

そして、**部下が声をかけてくるまでは、リーダーは干渉しません。**人は、自分で一生懸命考えたことに関して口を出されると、非常に不快に感じるものです。リーダーは部下の意思に口を出さず、介入しなければストレスにならないでしょう。

また、**部下には何も求めません。**その役割で果たすべき業務をこなしていればOK。リーダーからやり方の効率化などを求めてはいけません。それが強制となり、部下にとってはプレッシャーになります。

ゆ 「ちょうどいい距離感」にいるリーダー

とはいえ、部下からしたらリーダーは上司です。リーダーがつかず離れずの距離をとろうとしても、部下側から必要以上に離れてしまう場合もあります。

それを防ぐためにも、リーダーがやるべきことが2つあるのでそれぞれ解説します。

❶「人柄が良さそう」と思われるように接する

「いつも怖い顔をしている」「言葉遣いがきつい」「ちょっと圧が強い」など、リーダーに対して嫌だと感じる部分があると、一緒にいるだけでストレスになるため、「ちょうどいい距離感」を築くことができません。

だからリーダーには、人柄が良さそうだと思われるためのコミュニケーションが必要になります。私の場合は「笑顔で過ごす」「丁寧な言葉を使う」「低姿勢で接する」ことを意識しています。

人柄が良いではなく人柄が良さそうで十分です。皆さんにとって良さそうな人柄を意識して部下と接してみてください。

また、ここで言っているのは見た目の人柄ではありません。実際に関わるときの人柄です。仮に第一印象で、「なんか怖そうだな」「厳しそうな感じがするな」と思われたとしても大丈夫。腰が低く笑顔で丁寧な言葉を使われたら、ギャップもあって、見た目と違って良さそうな人だと思ってもらえます。

❷部下に対してボランティアのような関わり方をする

ストレスフリーな関係性、といえば、ボランティアの人たちとの関係性です。ボランティアはそれぞれの良心に従って、無償で価値を提供します。だから、ボランティアに対しては誰もが「手伝ってくれてありがとう」と感謝の気持ちを強く持ちます。すべてを完璧にこなせなくても、その人ができることを、できる範囲の時間でやってもらうことに感謝しますよね。

部下とも、このボランティアのような関わり方をするのです。今できることに感謝する、寛容的な関わり方です。もちろん社員には給与が発生するので、ボランティアではありません。しかし、この考え方が「ちょうどいい距離感」につながっていくのです。

ストレスフリーな「ちょうどいい距離感」は、信頼関係構築の土台になります。お互いを受け入れるために、寛容的な関わり方をしていきましょう。

ゆ 信頼関係を築くために「任せる」

「ちょうどいい距離感」がとれるようになったら、それを基礎にしてお互いが信頼しあえる状態をつくっていきます。**この信頼関係が「ゆるリーダーシップ」を成立させる肝**です。

結論から言うと、信頼関係は**リーダーが部下を信頼して任せる**ことからはじまります。部下の能力によっては、任せることを躊躇してしまうこともあると思います。ついつい口を出したくなるときもあるでしょう。それでも我慢してください。我慢できなければ、いつまでたっても信頼関係を築くことはできません。

最終的には、リーダーが安心して「任せても大丈夫」と言える状況になっていきます。個人の能力に関係なく仕事を任せ、任せた結果の積み重ねで部下は成長していくからです。この状態は、信頼関係のゴールでもあります。

部下側は任されることで「考えを言ったら聞いてもらえる」と思うので、リーダーを信頼していきます。一人の人間として意見を出せる、という状況が、組織の一員として認められていると感じるからです。

リーダーは部下を受け入れて任せ、部下は受け入れられている状態を認識する。この受け入れ合っている感覚が信頼関係を構築していくのです。

ゆ 個人面談で価値観を知る

「ゆるリーダーシップ」では、個人の尊重が前提にありますが、そのためにはまず、「部下がそれぞれどんな考え方を持っているのか」を知らなければなりません。

考えを知る機会としては、**個人面談**が有効です。

個人面談には、２つの役割があり、「部下本人が好む距離感をつかむ」「個人の考えを知る」ことが重要になりますので、それぞれ説明していきます。

❶部下本人が好む距離感をつかむ

人に対する望ましい距離感は一人ひとり違います。部下の望む距離感を間違ってしまうと、依存につながったり、ストレスを与えることになってしまったりしてしまうことです。最悪なのは、そのまま離職になってしまうことです。

そうならないためにも、**それぞれの部下が求めている距離感をつかんでいきましょう。**

求めている距離感をつかむために参考にするのが、**面談時間の長さ**です。私の経験から、面談時間が長い人ほど近い距離を求めるタイプ、面談時間が短い人ほど距離をとりたいタイプということがわかりました。

面談時間が長くなる傾向にある人は、自分のことを理解してもらいたい気持ちを強く持っています。面談で話を聞くことだけでも、信頼関係を築けます。

近くを求めるタイプの人に対する注意点は、距離が近くなり過ぎることにより依存が生まれてしまうことです。しっかり話を聞くことは関係性を深くしますが、「頼み事はすべて解決してくれる」と思い込んでしまう場合があります。また、思い通りにならなかったときに「裏切られた」と感じる可能性もあります。

だからこそ、近くを求めるタイプの部下に対しては、距離をとることを意識した対応をします。部下からは冷たいと感じられるかもしれませんが、自分で考えさせるにはちょうどいい距離感になります。

一方で、面談時間が短い傾向にある人は、干渉されることを嫌います。関わりを避けたいタイプですから、放任しておきます。放任していても「いざ話を聞いてほしい」という場面があれば全力で聞きます。重要な内容が出てくるからです。言いたいことがあるときに聞くことができれば、信頼関係を築けます。

求めている距離感をつかみ、相手によって対応を変えることで、信頼関係を構築していきましょう。

❷個人の考え方を知る

部下は年齢も違えば経験も違います。**大切にしている価値観もそれぞれ違いますから、尊重するために個人の考え方を知りましょう。**

例えば、残業に関する考え方も違います。

「プライベートを優先したいから絶対に残業はしたくない」「受けた仕事だから納期に間に合わすための残業は仕方ない」「スピードを上げて雑な仕事になるくらいなら、残業してでも丁寧な仕事がしたい」など、考え方は無数にあります。

それにもかかわらず、未だに「忙しいときはみんなで協力して乗り切ろう」と全員残業をさせる会社は存在しています。この考え方は、残業をしたくない人には合っていません。

反対に「残業が多くなっているから残業はするな、工夫して早く帰れ」と言われれば、残業をしてでも頑張りたいという人の考え方に合わなくなります。

当社では、過去に取り入れていた全員残業をやめています。当時は人によってはやることがないので、必要な人だけにしようという理由でしたが、現在では、そのおかげで「残業は絶対にしたくない」という考え方を尊重することができています。残業をするもしないも、社員に任せているのです。

仕事の進め方についても基本的に個人の考え方に任せています。会社的に問題がなければOKです。例えば、在庫品を製作するタイミングや製作数量は社員が決めています。必要なときに在庫品があれば問題はないからです。事務職や営業職、どの職種においても、会社的に問題がなければ個人の考え方に任せて仕事を進めてもらっています。

このように就業時間全般にはじまり、仕事の進め方まで、基本的に社員の考え方に合わせることが、信頼関係の構築につながっていると感じています。

面談では、**個人の考え方を知る**。そしてリーダーは可能な限り対応していき、信頼関係を構築していきましょう。

ゆ 個人面談のコツ

「個人面談が重要なことはわかったけれど、実際にどうしたら個人の考え方を引き出す個人面談になるのか？」と思われる方もいると思います。ここでは、私が「ゆるリーダーシップ」を実現させるために実践した、個人面談の５つのコツを解説します。

❶聞くことに徹する

人は話を聞いてもらえるだけで楽になります。部下に気持ちを楽にしてもらうために、話を聞くことに徹していきましょう。

話を聞いてもらえると楽になるのは、悩みなど気になっていることを話すことにより、頭の中のモヤモヤが整理されるからです。話をするために整理する場合もありますし、話をしながら整理されていくこともあります。頭の中のモヤモヤが外に出て、余白ができたことで楽になるのです。

友達に悩みを相談して、解決したわけではないけれど、スッキリした経験はありませんか。当社の個人面談でも、「とりあえず言いたいことは言えたので楽になりました」と言われることがあります。経営者仲間が私のところにきて、現状の不安を話していったときも「僕ばっかり喋ってすみません。でも話を聞いてもらってスッキリしました。」と言ってもらったことがあります。不安要素の解決になる話は一切ありませんでしたが、ありがとうございますと感謝して帰られました。

このように、人は話を聞いてもらえるだけで楽になるものなのです。

また、話を聞いてもらえると話がしやすくなります。話がしやすいと、たくさんの情報が引き出せるので、個人の考え方を知りやすくなります。

一方で、不満や文句など嫌だなと思える話も増えてきます。しかし、聞きたくないと感じる話の中には、会社としての改善点が盛り込まれている場合が多くあります。この情報をもとに改善することができれば、部下はさらにストレスなく働けるようになりますから、リーダーとしては聞き逃せません。

その他にも、細かなリアクションや言葉の裏にも個人の考え方が含まれている場合もあります。聞くことだけに集中していないと聞き逃してしまうので、聞くことに徹するようにしましょう。

面談のなかで、リーダーから伝えたいことが出てくることもあるでしょう。しかし、面談中は可能な限り我慢して、改めて伝えるようにしましょう。別の機会に伝えることで、直接だと伝えにくい内容も間接的に伝えることができます。社内報などで伝えることも有効な手段です。文字による伝達になるので、１００％

伝わらなくてもOKと考えてやってみましょう。

❷心理的安全性の確保

心理的安全性とは心理学用語で、**組織の中で、誰に対しても自分の意見や考えを発信することができる状態**のことです。昨今ビジネスの世界でも注目が高まっています。

「上司に対して素直に意見を言えない」というのはよく見かける光景ですが、この心理的安全性が阻害されているために起こっています。「**上司から自分がどのように評価されているか？**」を**不安に感じている**のです。この不安は4パターンあるとされています。

（1）無知だと思われる不安

質問や確認をするときに、「こんなこともわからないのか」と言われるのではないかと不安になる。知識があると取り繕うため、質問などができなくなっていく。

（2）無能だと思われる不安

ミスをしたときに「こんな簡単なこともできないの」と思われるのではないかと不安になる。ミスや報告を隠すようになっていく。

（3）邪魔をしていると思われる不安

自分がしゃべることで「議論の邪魔をしている」と思われるのではないかと不安になる。やがて発言自体をしなくなっていく。

（４）否定的だと思われる不安

自分の発言が場の意見と違ったりすると、「否定的に物事を見る人」と思われるのではないかと不安になる。自分の意見が正しいと思ったときでも、意見を言わなくなっていく。

このように不安がある状態では、特に上司相手には意見が言えないのも当然です。これでは個人の意見を引き出すことは難しいでしょう。ですから、リーダーはこの心理的安全性の確保のために、対応が必要になります。

心理的安全性を確保するためには、**「話しやすさ」「助け合い」「挑戦」「新奇歓迎」**の４つの因子が必要と言われています。もしかしたらお気づきの方もいるかもしれませんが、実は、「ゆるリーダーシップ」では４つの因子どれもが達成できているのです。

「話しやすさ」は「ちょうどいい距離感」で、言いたいときに言いたいことが言いあえる関係性を築くことができていればクリアしていますし、対等な関係で周囲がリーダーを助けてくれることにも言及しました。もちろん、リーダーは部下を大切に考えますので、お互いに「助け合う」関係ができています。

「挑戦」に関しても、失敗を推奨して経験を積むことを重視しています。

「新奇歓迎」は、組織風土にないことを言っても大丈夫と思えることです。リーダーが部下の話を受け入れて聞くスタンスであれば、容易に達成が可能です。

当社の個人面談でも、中途社員から「以前の会社の○○のやり方が良かった」といった意見が出ることがあります。人によっては比べられることが不快に感じるかもしれませんが、この意見を取り入れることで会社が改善する可能性もあります。すべての意見を材料として受け入れて、そのやり方を聞いていきましょう。

このように、**「ゆるリーダーシップ」の基本である否定せずに話を聞くこと、**

話の内容を受け止める聞き方ができれば「心理的安全性」は確保されます。

部下から聞きだした意見は、会社を良くする材料になります。自社に取り入れて活かしていきましょう。

❸部下の活きるポイントを探す意識を持つ

得意なことのほうがやる気が出るので、個人面談で部下の得意なことを見つけていきます。**得意なことを見つけていくためには、リーダーが「意見や提案改善を活かすぞ！」というスタンスで話を聞くことが大切です。**活かす気持ちを持つことで、話す内容に興味を持って聞けるようになるからです。

ここでは、実際に私が社員からの改善提案を受ける経験の中で気づいた、活きるポイントの探し方を解説します。

一番わかりやすいのは、**熱量が高いとき**です。言葉数が多い、声が大きくなる、話すスピードが速い、話す時間が長い、いろいろな角度から説明するなど、得意なことは熱量高く語れる人が多いです。

一方で、自ら改善に関わる意志を持たない場合は、得意なことではないと考えます。組織としてやってほしい、リーダーにやってほしいという姿勢が見えたときは、活きるポイントではないと判断していいでしょう。

見極めのポイントは、**改善に自ら関わる意志があるかどうか**です。熱量がそれほど高く見えなかったとしても、自ら取り組む意思があれば、活きるポイントになってきます。

もう一つ、**提案の中に自分の知らない言葉や方法があった場合**です。詳しく知っていることとは、得意で興味があるものです。ただし、きちんと言葉の意味を理解し、自分なりに解釈しているかの確認はするようにしましょう。耳にした言葉を羅列しているだけの場合もあるからです。

言葉の意味を質問をすれば、詳しくわかっている人は、しっかり説明してくれます。リーダーは自分の認識を確認する意味も込めて、わからないことは聞き、組織での活用法など内容の擦り合わせをしていきましょう。

適材適所と言いますが、その人が活きるポイントで活躍してもらうことが、組織にも役立っていくはずです。

❹ 終了時間を設けない

個人面談には**終了時間を設けません**。話したいことをすべて話してもらい、個人面談の満足度を上げてもらうためです。これがお互いの理解と信頼関係の構築につながります。

時間が長くなり大変になることもありますが、**リーダーは自分の中で面談の優先順位を上げて臨みましょう。**部下の考え方を引き出すことを重要視すればできるはずです。

面談の時間が長くあれば、ささいな情報まで受け取ることができます。細かい内容の話になればなるほど、その人らしさが見えてくるものですから、時間をかけてでもやる価値があるのです。

面談の設定時間が決められていると、部下は一番気になっていることを優先して話すため、優先度の低い話をする時間がなくなってしまいます。面談以外で話を聞くことも可能ですが、集中して聞けないこともあるので、時間をかけてでも面談ですべて聞く意識でいてください。

もう一つ、**個人のペースや考え方に合わせられる**ことも理由です。

例えば、質問に答えるときに、てきぱきと答える人もいれば、じっくり考えてから発言する人もいます。後者の場合、沈黙の時間が心配になることもありますが、終わりの時間を決めていないので、じっくり返答を待つことができます。本当にささいなことですが、無意識のうちに部下にとっては「受け入れられている」と感じる要素の一つになっているのです。

反対に言えば、5分で終わっても構わないということです。人によっては、面談は短くていいという人もいます。言いたいことがあるときは話をするので、とくに言いたいことがないときは、業務を進める時間を大切にしたいという考え方です。

❺すべてに共感しようとしない

人の話を聞くときに、共感しながら聞いてあげることが良いことだと考えている人がいます。共感とは、意見に対して「その通りだ」と同調することです。同調しながら聞いてあげることで、話を聞いてもらっている感覚は強くなります。

しかし、**自分の考え方とは違うと思うときまで共感してはいけません**。自分の感情に対してウソをつくことになりますし、部下からすれば、リーダーが自分の考えを100％理解してくれていると勘違いしてしまいます。

共感できない内容の話に対しては、**共感ではなく受容する**聞き方をします。受容とは、肯定も否定もなく、意見の内容をそのまま受け止めることです。

私も実際の面談の中で、自分勝手な意見に感じる内容に対して「もっと周りのことを考えるべき」など否定的なことが頭をよぎります。

しかし、ここでは**否定的な感情に蓋をして、なぜそのような考え方になったのかを知ろうとします**。これが、受容する聞き方です。

部下が、リーダーは良くないと感じた考えに行き着いたのにも理由があるからです。自分勝手な意見だと感じているのはリーダー個人であって、部下は自分勝手な意見だと思っていないことがよくあるのです。だから、受容する聞き方が大切です。

実際に、なぜそのような考えになったのかを聞いていくと、実は人のためになると考えての意見であることが多いです。憶測や拡大解釈が影響して周囲への配慮に欠けた意見になっていましたが、良かれと思って発言していたのです。

このように、共感できない話が出てきたら、否定せずに考え方を探っていきましょう。

以上が「信頼関係」を築くための個人面談のコツになります。リーダーの皆さんにはぜひ取り入れていただき、自分を支えてくれているメンバーとの信頼関係を築いていっていただければと思います。

ゆ メリットを取るよりもデメリットを避ける

信頼関係を構築するために、もう一つ提案したい考え方があります。それは、**メリットを取るよりもデメリットを避ける**という考え方です。

私自身、一つの「嫌だ」というストレスは、一つの「いいね」という感情より大きいと感じているからです。信頼関係の構築には無用なストレスを避けることをおすすめします。

例えば、社内制度に対してメリットを感じる部下がいる一方で、制度に反対する社員がいたとします。制度に反対する理由が、制度をやめる理由として納得できるものであれば制度をやめてしまいます。

この場合、制度があってもいいという部下よりも、やめてほしいという部下の意見を尊重したことになります。制度のメリットよりも、部下のストレスになるデメリットを避けるのです。

同じような状況でもメリットのほうが大きい場面ももちろんあります。制度を続けるメリットが大きかった場合は、制度を継続します。やめてほしいという部下の気持ちは**リーダーが受け止め、少しでも嫌だという部分の改善を試みます。**この場合、デメリットを完全に避けることにはならないので、嫌気がさして離職してしまうかもしれません。それも想定したうえで判断しましょう。

ゆ 個人面談での気づきは会社の経営に活かせる

個人面談の場では、設備投資の提案や社内で取り組んでみたほうがいいと考えている案など、部下から幅広く意見を聞くことができます。聞いた内容の中には、ビジョンや方針、行動計画に取り入れられる内容が多くあるでしょうから、経営指針書（事業計画書）やチーム運営の方針に掲げましょう。

自分たちが提案したことは実行率が高くなりますし、真剣に取り組んでくれます。このように部下の意見は会社の経営に活かすことができるのです。

個人面談で提案を引き出す工夫として、２つのポイントがあります。

１つ目は、**積極的に取り入れること**です。お金がかからず個人で取り組める内容であれば、とりあえずやってもらいます。組織として取り組む内容であれば、経営指針書や運営方針に掲げます。お金のかかる内容であっても、本人の熱量が高く、組織のプラスになると判断できれば前向きに検討します。

小さなことからでも聞いた意見を取り入れる前例をつくっていくことで、ほかの部下が「自分の意見も取り入れてもらえるかも」と思い、前向きな提案が増えていくでしょう。

2つ目は、**否定しないで最後まで聞くこと**です。例えば、設備投資の提案をされたときに、設備投資をする予算がないことがわかっていると、話を最後まで聞かずに無理だと返答してしまうことがあると思います。

そんなときは自分の言葉をぐっと飲みこんで、部下の考えを最後まで聞きましょう。今は無理でも今後の検討材料にはなります。今回はダメだったとしても、次回また提案してみようという気持ちも残るでしょう。

取り入れることを前提にして、最後まで話を聞いてみることで経営に活かせる話をたくさん聞くことができます。どうやったら会社の経営に活かせられるかを考え、真剣に聞いていれば関係性の構築にもつながります。

ゆ 現状からの成長のために、少しだけ負荷をかける

「ゆるリーダーシップ」では個人を尊重してきましたが、会社としては成長の必要がありますので、個人の考えにプラスで少し負荷をかけて、成長するように仕向ける必要があります。

ストレスを避けながら成長につなげるためには、まず、**やってはいけないことを明確にします**。このとき、部下の考え方や取り組み方を否定する内容にならな

いように注意してください。考え方を変えることも取り組み方を変えることも大きな負荷になります。自ら取り組む意志が持てないことを望んではいけません。NGにするのは、「過剰なノルマを課して未達成に叱責する」「減給などペナルティをちらつかせて脅す」など、社会的にやってはいけない行為です。

それ以外のことは基本的に尊重する前提で、「プラスでやってもらう仕事」を伝えます。このとき、仕事の内容は伝えますが、やり方については説明しないのがポイント。**誰に聞くか、どう動くか、自分で考えてやるしかない状況をつくり出す**のです。自ら考えることが成長につながります。

一方で、成長を望むことが考え方の押しつけになってしまっていることもあります。リーダーは、押しつけにならないように負荷のかけ方を工夫する必要があります。工夫のポイントは**本人が望む負荷を見極め、必要な負荷をかける**こと。

成長意欲が強い人には、成長の機会を与えるためにも役割を増やします。きつそうに見えても、コツコツやりたいという人もいるので、簡単には負荷をゆるめません。負荷をかけても大丈夫な人には、しっかり負荷がかかるようにしていきます。

一方で負荷を望まない人もいます。むしろ多くの人は、強い負荷を望んでいません。それでも成長のためには負荷が必要です。そういう人には、**本人があとどのくらいの負荷を受け入れられるかを探ります**。

標準的な業務量を抱えている部下に、少し負荷のかかる業務をやってもらいたい場合を例に挙げましょう。

まず、依頼のときには現状の仕事量の確認をします。標準的な業務量だと知っていても、部下がどう感じているかはわからないので、確認から入ります。そして、やってもらいたい業務の説明をして、「やってもらいたいけどできる?」と聞きましょう。希望通りの分量をお願いするのが無理そうなときは、妥協ポイントを探し、やってもらいます。現状維持ではなく成長してもらうためです。

この無理のない負荷を継続していくことが、やがて大きな成長につながっていきます。リーダーとして会社成長を見込み、個々に合わせた負荷がかかるようにしていきましょう。

ゆ 対外的ステークホルダーとの関係構築

繰り返しになりますが、「ゆるリーダーシップ」は、部下自身が裁量を持って業務することが基本です。部下に仕事を任せるためには、**外部からのストレスもできる限り軽減しなければいけません。**その環境を整えるのは、リーダーの仕事と言っていいでしょう。

ここからは、個人に任せるための環境づくり、対外組織に対しての考え方、仕入先、協力会社との関係づくり、顧客との関係性について説明していきます。

外部への対応を絶対的にやっていこうとすると、部下への負荷は強くります。ストレスの原因になる負荷から守っていくためにも、リーダーはここでも**対等な関係を築くことが重要です。**

対等な関係を構築していくうえで必要なのは、**同じ高さの目線**。特に発注側と受注側など上下の認識があると、パワハラまがいのことが起きやすくなってしまいます。「言った、言わない」で事実を曲げられてしまったり、思い通りにならないことを下の責任として、理不尽に問い詰められたりすることも。この状況は全員にとって非常に強いストレスになります。

これを防ぐために、リーダーは外部とも対等な関係性を築く必要があるのです。具体的な築き方については、次の項で紹介します。

ゆ 対外組織に対してもフラットな考え方

目線の高さを合わせるために、「相手の目線に合わせましょう」と言われます。そこで必要になってくるのが、**逆転思考コミュニケーション**です。

逆転思考コミュニケーションでは、「上司が下で部下が上」「買い手側が下で売り手側が上」のようにと上下を逆転させた考え方をします。上下を逆転させるくらいの気持ちがあって、やっとフラットな目線にできるということです。

このとき、上の人が下の人と同じ高さに行けばいい、と思いがちですが、私はそれでは足りないと考えています。

階段があるとして考えてみましょう。

上司は普通、部下の一段上にいます。ここで、上司が階段を一段降りて、部下

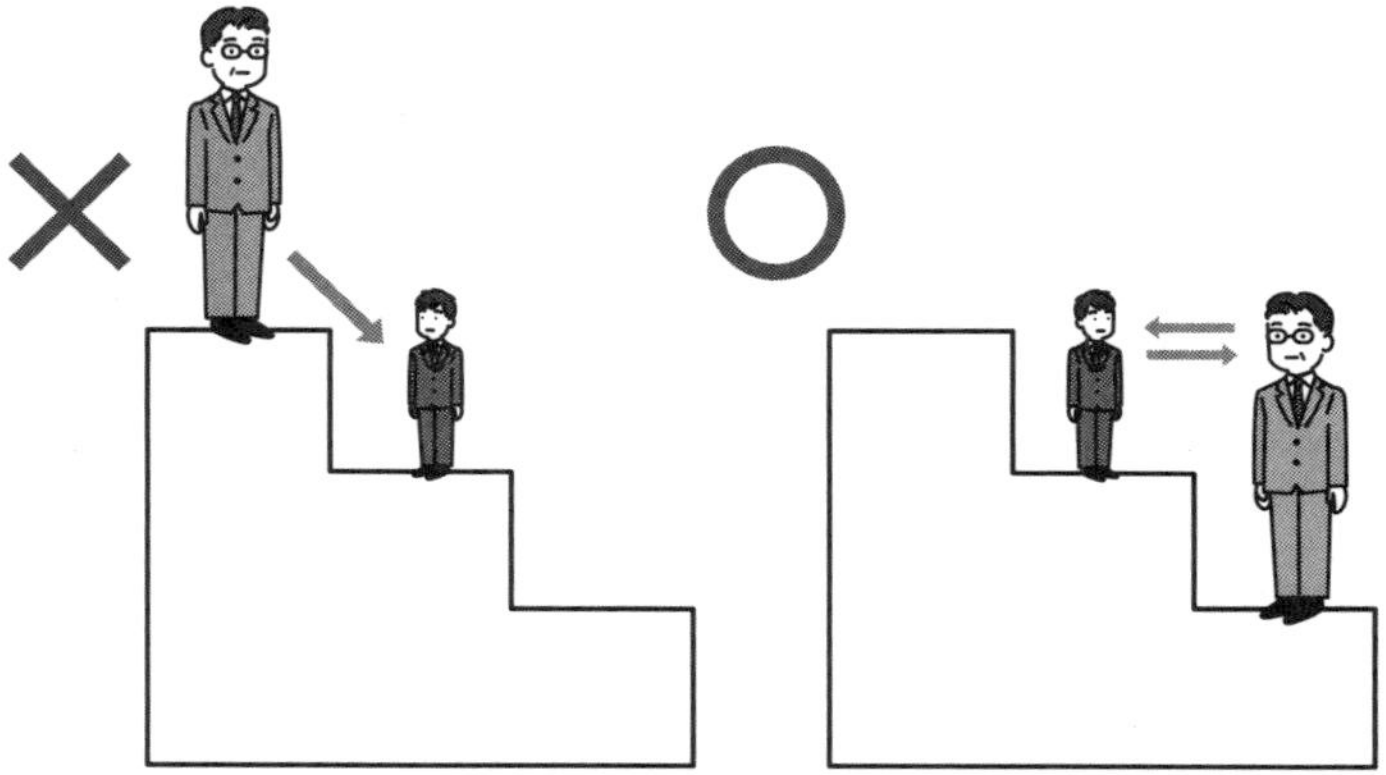

と同じ段にいったとします。これでフラットに見えるかもしれませんが、上司は上司、立場が上の人間なので目線はフラットになりません。

そこで、**もう一段階段を降りて部下よりも下の段にいくのです。**上司が思っている以上に部下の目線は低い位置にあります。部下のほうが上にいると考えるくらいで、ようやく目線がフラットになるということです。

仕入先からものを買う側のときも先の例での上司と同じ動きで、階段を二段降りてフラットな目線にします。仕入先に対して、「買わせてもらっている」くらいの感覚です。

反対に顧客にものを売る側のときは、階段を二段上がります。顧客に対して「買いたいなら売ってあげますよ」くらいの感覚です。これでようやくフラットな目線になります。

このように、フラットな関係であれば、余計な気を使ったり、強く出られたときに無理に折れる必要がないので、負荷が軽減できます。

対外的ステークホルダーと対等な関係を築いていくことが、ストレスフリーな社会をつくります。パワーバランスをひっくり返す意識が、逆転思考コミュニケーションです。

ゆ 外注先ともフラットな関係を

パワーバランスをひっくり返して考える、というのは、外注先にも言えることです。簡単に言えば感謝してお金を払うこと。この考え方も詳しく解説していきます。

まず前提として、外注は仕事が増えたときに社員にかかる負担を軽減させることができるため、非常に有効な手段だと考えて〇Kです。社員が頑張り過ぎなくてもいい状況を整えてくれるのが、外注先になります。

ですから、現状の外注先は大切にしてください。「ゆるリーダーシップ」に限った話ではありませんが、**外注先は、社外にいる社員くらいの気持ちで考えましょう**。社員と同じく売上をつくるための仕事をしてくれる人たちです。だからこそ、相手の都合も考慮して丁寧に依頼しましょう。こちらの仕事をやってくれている力強い味方と思い、感謝して対価をお支払いすることが重要です。

業績が好調な場合は、外注先を増やすこともあるでしょう。そのときには、地域の中から自力で探す方法やマッチング商談会のような方法もありますが、私は仕入先からの紹介をおすすめします。こちらの仕事内容を把握してくれているので、適した外注先を紹介してくれます。

紹介してくれる相手が仕入先の顧客であれば、仕入れ先にもメリットがあります。紹介する側とされる側、両方から感謝されるので、結びつきが強くなりフラットな関係が築きやすくなるでしょう。

このように、**仕入先や外注先と持ちつ持たれつの関係を構築しておく**ことが、仕事量の変化への対応を可能にします。無理をして社員を増員するよりも、外注先を増やすことや外注先に任せられる仕事を増やすことが、リスクの軽減にもなります。

外注先に無理なく依頼できる環境が整えば、社員からでも頼みやすい状況になるため、社員への負荷を軽くすることができるでしょう。

ゆ 顧客至上主義をやめる

自分が仕事を受ける側のとき、目の前の売上を獲得するために無理をした経験がある人は多いのではないでしょうか。「ゆるリーダーシップ」では、逆転思考コミュニケーションでそれを避けるようにします。

無理な要望の受け入れは、社員の無理につながります。無理な要望を受け入れなくてもいい関係性を築くことが必要です。

お客様第一、顧客満足を最優先にしてしまうと、無理な要望を受け入れなくてはならない場面が出てきます。徹底的に対応していく姿勢の企業を否定するつもりはありませんが、「ゆるリーダーシップ」では社員第一の考え方は変えてはいけません。社員の負担を増やさないという考えを貫きます。

顧客の期待に応えることによって、売上が増えることももちろんあります。期待に応えている実感が持てる仕事であればいいですが、もし言いなりになっていると感じる仕事であれば、やらないほうがいいでしょう。無理をするくらいなら仕事が減っても構わないと覚悟することも必要です。

顧客の要望は取り入れられるときに取り入れると考えましょう。

偉そうだと思われるかもしれませんが、顧客をリードする、という意識を持つことが非常に重要なのです。リードしながら、自分たちが出せる全力で向き合っていきます。自分たちの基準、ペースで進められる関係性を築くことがストレスの軽減につながります。

社員第一の考え方を崩さず、顧客を大切にしていきましょう。

Column

11時スタートの面談

個人面談は、できる限り所定時間を決めずに実施します。ただ、話好きな社員でヒマなタイミングだと2時間でも3時間でも話をしてしまうことがありました。もちろん、好きなだけ話をしてもらったほうが、納得のいく面談にはなりますが、同じ話が繰り返される内容だったりします。

当然、面談時間が長くなれば聞く側の負担も大きくなります。そこで考えたのが「11時スタートの面談」。当社は12時になればお昼休憩のため、話を続けないだろうと考えたわけです。案の定、12時のチャイムが鳴ると面談終了の合図をくれました。

こだわるわけではありませんが、1時間程度の面談にしたければ11時ごろにスタート。30分にしたければ11時30分にスタートするのがおすすめです。

第3章

マネジメントを楽にする3つの「やめる」

ゆ リーダーは手を抜く

第2章では、ステークホルダーと良好な関係を築くためにリーダーがやるべきことを解説してきました。

一方で、リーダー自身が楽になるためにできることがあります。結論から言ってしまうと、それは**「やめる」**ことです。

「やめる」といっても、会社を辞めるわけではありません。

今まで自分が「リーダー」として担っていた仕事を、いくつか手放すのです。

この発想は、**リーダーの負担を減らす**と同時に、**緊急ではないけれど重要なことに取り組む時間をつくるため**でもあります。

時間管理のマトリックス

	緊急	不急
重要	第1領域【緊急】消費の時間 締め切りのある仕事、打ち合わせ、営業活動、クレーム処理、病気 仕事の大部分を割かれる	第2領域【価値】投資の時間 計画や準備、学習・自己啓発、人間関係づくり、スポーツ・健康維持 将来への投資、直ぐに成果は出ない
不要	第3領域【錯覚】浪費の時間 無駄な電話、会議、報告書、無意味な飲み会・接待などの付き合い 直ぐに成果が出るので錯覚しやすい	第4領域【無駄】空費の時間 意味のない仕事・活動、暇つぶし、飲酒・喫煙、無駄話、多くのテレビ 非効率的な仕事、直ぐに成果は出ない

人間の活動は重要度と緊急度に合わせて、4つのマトリックスであらわすことができます。

このうち、多くの人が緊急で重要なことの第1領域に時間を使います。緊急で重要だから当然のことです。

会社の成長のためには第2領域の活動を増やすことが必要です。第2領域の活動を増やすために、第3領域、第4領域を減らしているリーダーもいるでしょう。

一方で、**第1領域の手を抜くのが「ゆるリーダーシップ」**です。第1領域に思える活動が本当に必要か?を考え、第3領域、第4領域に移行することで、余裕を持つのです。

手を抜くことの語源は囲碁の世界で、相手の打った手に応じずに一見関係のないところに石を置くことです。一時的に不利になる可能性もありますが、あとあと効果の高い一手がある場合に使います。まさしく、緊急ではなく重要なところに石を置くということです。これをビジネスの世界でも取り入れていきましょう。

とはいえ、現場で働くリーダー層の皆さんであれば第一領域の手を抜くのが難しいと感じることも多いでしょう。そこで、本書では「リーダーのあり方」「リーダーの業務」「社内ルール」の３つの観点でやめられることを紹介します。これらは、実際に私が「やめた」ことでもあります。

やることが少なくなりますから、必然的にリーダーは楽になります。
リーダーの皆さま、もっともっと楽をしましょう。ありのままの自分でいることができ、やることが少ないリーダーであれば、心も体も楽になります。

ゆ リーダーのあり方篇

リーダーである皆さまは、組織の期待に応えるために頑張らなければいけないと考えているはずです。だから、時には虚勢を張ってでもリーダーらしく振る舞い、業務に支障が出ないように、部下に舐められないようにすることもあるでしょう。しかし、ずっと虚勢を張り続けるのは心身ともに大変です。

この**「リーダーらしくしなければならない」という思い込みをやめましょう。**

リーダーになるとなんでもかんでも頑張り過ぎてしまいます。もっと力を抜いても大丈夫です。それでやっていけているリーダーがここにいますから。

まずは、リーダーを演じることをやめてみましょう。

ゆ　リーダーらしいリーダー

あなたは「リーダーらしいリーダー」と言われたら、どんな人を想像しますか？

仕事が早くて、何でもできて、頼りになるタイプのリーダーをイメージする人が多いのではないでしょうか。

そういう人が持っているのが**「統率力」「業務力」「育成力」「指摘力」「決断力」**の5つの能力です。

一度、ここで5つの能力について整理しておきましょう。あなたが持っている能力もあれば、持っていない能力もあると思います。

❶統率力

部下をまとめる能力です。

先頭に立って部下を引っ張るなど、カリスマ性のあるリーダーが持っています。

❷業務力

営業職や技術職などで成果を出す能力。

業務のスピードやクオリティで高い能力があり、部下のお手本になっているリーダーが持っています。

❸育成力

部下を育てる能力。

コーチングや1on1などで、部下の能力を引き出すことができるリーダーが持っています。

❹指摘力

部下に的確な指摘をする能力。

部下が納得できるレベルで説明し、取り組ませることができるリーダーが持っています。

❺決断力

意思決定をする能力。

重視すべきことを見極め、責任を持って選択ができるリーダーが持っています。

この5つの能力すべて備え持っていると感じる人には、今更ながら本書は必要ないかもしれません。高い能力と才能を持ち合わせた、素晴らしいリーダーです。マネジメントに悩んでいた私から言わせればスーパーマンです。

しかし、5つの能力をすべて自然に持ち合わせている人はごくわずかでしょう。だから多くの人が、リーダーになって苦労しているのです。才能だけでリーダーを全うできる人はなかなかいないはずです。

ゆ スーパーマンにならなくてもいい

繰り返しになりますが、先ほどの5つの能力をすべて持っている人はとても少ないはずです。しかし、組織からはリーダーとしての結果を求められます。だから、スーパーマンになろうとして、次の行動パターンのうちどれかをとることがほとんどです。

❶スーパーマンタイプを目指して、能力を身につけようとする

リーダーとしてチームを引っ張っていかなければならないという責任感から、理想に近づくために様々なスキルやマインドなどを身につけようとします。

実際、このパターンをとる人が一番多いのではないでしょうか。

しかし、なかなか理想にたどり着けず苦しい思いをすることが多いのです。一

つの能力を鍛え上げていくだけでも時間も労力も必要ですし、努力だけでは身につかない可能性もあるからです。

❷ 仮面をかぶりリーダーらしいリーダーを演じる

自分が苦手とする場面や対応が難しい局面で、リーダーを演じることで乗り切ります。

リーダーらしく振る舞うために仮面をかぶって弱さを隠します。仮面は、部下に舐められないようにするための防具です。

また、部下を動かすために仮面をかぶって厳しさを出します。仮面をかぶることにより厳しくしているのは自分自身ではなく、仮面をかぶったリーダーであると考えて気持ちを楽にします。

先ほどの「虚勢を張ってしまう」リーダーはこのリーダーのことです。リーダーを演じてリーダーの役割を全うしようとします。このリーダーを本書では「仮面リーダー」と名付けておきます。

さて、本書で推奨するのは、この2つのうちどちらでもありません。スーパーマンにはならなくていいのです。目指してほしいのは次の③「ゆるリーダー」です。

❸ありのままの素顔で行動する

能力を身につけることも、弱さを隠すための仮面をかぶることもせず、自分の思うまま、素顔のまま行動します。

このパターンの人を「ゆるリーダー」と名付けます。

先ほどの5つの能力を見て、すべてを持ち合わせてはいないな、と感じる人におすすめしたいのが③「ゆるリーダー」です。今の自分そのままでいいので、誰にでも、無理なく目指すことができます。

ゆ それぞれのリーダー

本書では、もちろん「ゆるリーダー」を推奨していますが、「スーパーマンリーダー」「仮面リーダー」「ゆるリーダー」で、それぞれいいところがあります。ここでは、「リーダーの立ち位置」「部下との関わり方」「組織のルールの状況」の3つで比較して整理しておきましょう。

❶リーダーの立ち位置の違い

スーパーマンリーダーの立ち位置は、上下関係の上になります。部下から頼られることが多く、部下が自然と下につくからです。組織で物事を進める際は、能力が高いのでリーダーの意見が優先されます。自身の意見に合わせてくる部下を動かす形になります。

仮面リーダーは、上下関係の上に立ちます。決定する人を明確にして、責任の所在をハッキリさせるためです。そのため、意思決定が早くなります。意思決定を早くして、部下が迷わず業務に取り組めるように上から指示する形です。

ゆるリーダーは、対等な位置に立ちます。部下が自主的に考え行動してもらうためです。リーダーが表に出てこないので、部下は動きやすくなります。部下の存在を尊重し、部下が気持ちよく業務に取り組めるように後押しをする形です。

❷部下との関わり方の違い

スーパーマンリーダーは、自身の能力を前面に出して部下と関わります。部下と一緒に成果を上げることを目的とします。自身が先頭に立って部下を統率し、チームをまとめる関わり方です。

仮面リーダーは、自分を出さず割り切って部下と関わります。リーダーの感情を入れずにリーダーとしての役割を全うするためです。部下の声や気持ちよりも成果を上げることを優先します。部下を動かすための関わり方です。

ゆるリーダーは、弱さを含めありのままの自分で部下と関わります。支え合う関係性を大事にするので、部下の意見に耳を傾け、部下の気持ちを優先します。部下の自主性を高めるための関わり方です。

❸ 組織のルールの状況の違い

スーパーマンリーダーは、組織のルールの状況に関係なく力を発揮します。どんなルールにも合わせられるだけの能力を持ち合わせているからです。

仮面リーダーは、組織のルールが徹底されている状況で力を発揮します。ルールが明確であるからこそ、リーダーも部下も決められた行動がとりやすくなるからです。部下がルールを遵守することが前提になっているので、ルールを厳しく明確にしていくことができます。

ゆるリーダーは、組織のルールに縛られていない状況で力を発揮します。ルールによる制限がないからこそ、部下の自由度が高く自律的な行動がしやすくなるからです。部下がルールに縛られていないので、新たな発想が生まれやすくなります。

各リーダーの違いを比較してみて、スーパーマンリーダーを目指すことの難易度の高さは感じられたと思います。だからこそ、簡単にはなれないスーパーマンリーダーを目指すよりも、**考え方の切り替えでなれる「仮面リーダー」**や**「ゆるリーダー」を目指すことが現実的**です。ただ、同じ考え方の切り替えでなれるリーダーであっても「機械的に取り組む仮面リーダー」と「人間的に取り組むゆるリーダー」では大きな違いがあります。

ゆ 仮面リーダーとゆるリーダーの5つの対応

ここからは、スーパーマンリーダーが持ち合わせている5つの能力を補うために、「仮面リーダー」と「ゆるリーダー」がそれぞれどのような対応をするかを、比較しながら見ていきましょう。そして、自分自身がどちらになりたいかを考えてみてください。

❶ 統率力

【仮面リーダー】

統率力はありませんが、目線を部下ではなく統率することに向けて、まとめようとします。部下は無理やり引っ張られているため、嫌悪感を抱きます。リーダーは、部下が抱く嫌悪感を気にしないようにするために仮面をかぶります。

仮面リーダーは、部下の気持ちよりも統率することを優先します。

【ゆるリーダー】

統率力がないことがわかっているので、部下の後押しをするようにします。部下がどのようにしていきたいのかを確認し、挑戦を推奨するのです。

ゆるリーダーは統率力を発揮することよりも部下の気持ちを優先します。

❷業務力

【仮面リーダー】

リーダー自身の業務力を部下にカバーさせます。業務を任せるときは、業務をするかしないかの決定権を部下に持たせないために、命令くらいの勢いで任せます。指示に対しての実行責任が部下にあり、実行の結果責任は上司にあるという考え方です。指示をした部下にどう思われるかを気にしないようにするために仮面をかぶります。

仮面リーダーは、部下の状況よりも責任の所在をハッキリさせることを優先します。

【ゆるリーダー】

ゆるリーダーも自身の業務力のカバーをしてもらいますが、部下に伺いを立ててから任せます。断る権利や相談しやすい状況を残すためです。責任の所在をハッキリさせる前に、部下の気持ちを含めた状況確認が先決だと考えます。

ゆるリーダーは、ここでも部下の気持ちを優先します。

❸育成力

【仮面リーダー】


部下がはじめて対応する案件で不安を覚えている場合を想定します。

リーダーが責任をとるので、とにかく1回やってもらいます。やってみれば必ず見えてくるものがあるからです。説得も納得も腹落ちも必要ないと考えています。

部下の不安な気持ちには、耳を傾けないようにするために仮面をかぶります。

仮面リーダーは、とにかくやってみてもらい早く成功してもらうことを優先します。

【ゆるリーダー】

リーダーが失敗を推奨しているので、何回でもやってもらい、その経験値を大切にします。部下の不安に対しては耳を傾け、少しでもハードルを下げて挑戦してもらうという考え方です。

部下が不安を包み隠さずだせるように素顔でいます。

ゆるリーダーは、部下の挑戦へのハードルを下げることを優先します。

❹指摘力

【仮面リーダー】

挨拶は部下が先にするというルールを部下が守れなかった場合を想定します。

部下が先に挨拶をするというルールがあれば、ルール違反を指摘します。ルールが絶対だからです。違反したとことに理由があったとしても、部下からの情報として受け止め、必要であれば更なるルールを追加してでもルールを守らせるという考え方です。

仮に言いにくい部下だったとしても厳しく指導するために仮面をかぶります。

指摘される部下の気持ちよりもルールを守るための指摘を優先します。

【ゆるリーダー】

たとえルールに掲げていたとしても安全や品質に関わる重大なことではないので指摘しません。考え事していた？とか体調が悪い？など、先に挨拶をしなかった理由があるかもしれないと考えます。

リーダーが指摘をしなくても部下がルール違反をしたという認識があれば、今後は気をつけるだろうという気持ちでいます。

ゆるリーダーは、ルールを守らせる指摘よりも部下の自主的な意識の変化を優先します。

❺決断力

【仮面リーダー】

安全を優先する社員Aと費用面を優先する社員Bの意見が対立した場合を想定します。

安全面と費用面、組織が優先している基準に合わせて決断をします。両者の意見に耳を傾けるよりも基準に合わせた決断を大事にするという考え方です。意見の通らなかった部下には、組織基準で決めたことだと感情を入れずに説明するために仮面をかぶります。

【ゆるリーダー】

できる限り部下に決断してもらいます。両者の意見に優劣はないという考え方です。部下の話し合いで納得できる答えが出ることに期待します。平行線のまま第三案も出ない場合は、最後の最後で決断をします。

ここまでの比較から**「仮面リーダー」はリーダーらしさを求めるあまり、自分らしさを押し殺しています。**機械的に取り組むことで、効率的には良いかもしれませんが、部下が長く働きたいと思える良い組織になっているでしょうか。リーダー自身も苦しい思いをしていないでしょうか。

「ゆるリーダー」は、今の自分そのままでいいので、誰にでも、無理なく目指すことができます。できない自分をごまかしたり、責めたりしなくてもよくなるのです。

だから私は「ゆるリーダーシップ」を推奨します。組織のために、部下だけでなくリーダー自身が潰れてしまう可能性を排除していくためです。

ゆ リーダーの業務篇

リーダーである皆さんは、立場によって違いはあるとしても、組織マネジメントや人材マネジメントなど成果をあげるために多くのマネジメント業務をこなしているでしょう。プレイングマネージャーとなれば、さらに現場の業務もこなさなければなりません。

このリーダーの業務篇でお伝えしたいのは、**中途半端にマネジメントするくらいならやめる**ということです。

ただでさえやることの多いリーダーです。効率化だけではすべての業務をこなすのは難しいでしょう。

ゆ マネジメントをやめてしまおう

結論から言います。**マネジメント業務をやめてしまいましょう。**単純にやることが減るため、楽になります。

マネジメント業務には、部下の目標設定、部下の評価、部下のモチベーションアップ、部下の行動管理、部下の育成、部下との情報共有など、ここに挙げただけでも多くあります。どの業務も大事なことのように感じます。だからこそ、マネジメント業務をやることが当たり前になっています。

しかし、今一度立ち止まって考えてみてください。

その業務、どのくらい効果がありますか？

もっと詳しく言いましょう。**そのマネジメント業務をすることの負担に対して、どのくらい効果を得られていますか？**

もちろん、まったく効果がないとは言いませんが、かかる労力に対して効果が少ない、と感じる業務があるのではないでしょうか。

「ゆるリーダーシップ」を実現するためにも、少し無理やりに感じるかもしれませんが、一度マネジメント業務をやめてみることを提案します。**過剰な業務の洗い出し**だと思ってやってみると、業務の労力に対しての効果が見えてきます。

一方で、マネジメントをやめたことにより見えてきた不具合やマイナス面は、マネジメント業務をやっていたときの効果です。ここではじめて、マネジメント業務の労力に対しての効果が見えてくるのです。

やめてみることは簡単ですし、**労力に対して十分な効果を感じ取れたなら、またやりはじめればいいだけ**です。ハードルを下げて、一度挑戦してみましょう。

ゆ

マネジメントをやめてみた

ここでは、実際に当社でやめてみたマネジメント業務の一部を紹介します。20名ほどの規模の会社ですので、規模の違いやマネジメント業務のレベルの違いなども見えてくると思いますが、「できそうだな」と思ったところがあれば、ぜひ取り入れてみてください。

・社員の個人目標設定をやめてみた

まず、社員の個人目標設定をやめました。もともとは、成長意欲を高め行動の質や量を向上させることを目的に設定していましたが、その意味が社員には伝わっていませんでした。

これは言い換えると、社員のための目標設定になっていなかったということです。リーダーが目指すべき指標を示して、安心したいがための目標設定になっていたのです。腹落ちしていない目標設定は、もちろん効果がありませんでした。

それに気づいたきっかけは、年度末に振り返りをする際、目標を記載した用紙を見るまで目標自体を忘れている社員がいたことでした。

実際、社員が設定した目標も「製品の製作指導をする」「製造を手伝う」といったような業務への取り組み方など現実的な内容で、意欲を高めるような目標になっていませんでした。また、目標に対しての行動も「目標：営業力の向上、行動：訪問営業する」「目標：部下の育成、行動：細かく指導する」というように行動の質や量を向上させるものになっていませんでした。

きちんと設定できている人もいましたが、多くは毎年代わり映えしないもので、自身の役割の中から気をつけるものを書いていただけのように感じます。

結果的には、目標設定をやめても、社員の業務への取り組み姿勢に変化は見られませんでした。書き出した目標は、もともと頭の中にあったことだからです。

一方で、リーダー側からすると、社員の頭の中にあることを書き出す機会をなくしてしまったため、考え方を感じ取りにくくなるというデメリットもありました。私は社員の考え方を感じ取る機会はあってもいいなと思ったので、年度始めに一年の抱負を軽く述べてもらうことをやろうと思っています。社員の考え方を感じることもできそうですし、この程度であれば、労力も少なく簡単にやれることです。

今後も、個人目標の設定はしない予定です。目標設定をしたいと考える社員がいれば個別で対応をしますし、そういった社員が増えてくればそのときに改めて考えたいと思っています。

・360度評価をやめてみた

当社では過去、評価制度として360度評価を取り入れていましたが、2名の社員から「好き嫌いが反映させる360度評価は不要」「評価は上司がすべき」と意見があり、360度評価をやめました。社員のストレスになることはなくすべきと考えたためです。

360度評価は、数字的な成果の評価ではなく、取り組み姿勢への評価です。それゆえ、社員同士では好き嫌いが判断材料になってしまい、人気投票のような評価制度になってしまっている。その事実は、制度をやめる理由として十分納得できるものでした。

この360度評価は、賞与や昇給の判断材料にもしていました。

評価の良い社員は認められていることを感じ満足します。不足している部分を目標にしたいからと参考にする社員もいました。しかし、評価の悪い社員は、どんなに数字的な評価が良くても足を引っ張られる原因になりますし、ある意味自分でわかっていることを突きつけられるわけですから、あまりいい顔はしていませんでした。

この評価制度も、やめて良かったというのが結論です。不満を感じていた社員のストレスの解消になりました。

やめたことに対しても、不満の声は出ませんでした。「あったらあったでいいが、なくても構わない」という程度のものだったということです。

今後も評価の仕方に対して不満の声が聞こえてくるまでは、これまで通り面談で聞こえてくる声と日頃の様子から評価するスタンスを継続します。

・社員を「褒める」をやめてみた

私が社長になったばかりのころ、社員のモチベーションアップにつながると考え、意識的に社員を褒めるようにしていました。褒められて悪い気がする人はいませんし、認めてもらっていると感じられるからです。

「良い結果を褒める」「評価の低い人でもその中で良かった点を褒める」「その人の良さやその人らしさを褒める」など、様々なポイントを探して褒めるようにしていました。

しかし、「結果を出したと思ったのに褒められなかった」「褒めてほしいと思ったポイントを褒められなかった」といったことに不満を感じている様子がうかがえたことから、褒めるのをやめることにしました。

リーダーからすると何とももどかしい話ですが、相手が期待していた行動をとることができないと、不満につながるのが人間です。他にも、「他の社員は褒められるのに自分は褒められない」というのも不満の要因になりがちです。

褒めることをやめた結果、特に不都合はありませんでした。やめた当初は、社員からすれば認められているという感覚や喜べる機会が減ったため、不満に思ったかもしれません。それでも、褒めないことが当たり前になってくると、どうということもありませんでした。

モチベーションは上げたとしてもすぐ下がってしまいます。褒められて喜ぶのは、その一瞬に過ぎないのです。

さらに、褒められないという不満がなくなることでモチベーションが下がることを防げます。下がったモチベーションはすぐには上がりませんから、やめて良かったとまで言えます。

今後は、無意識に褒めてしまうことはあっても、意識して褒めることはありません。代わりというわけではないですが、感謝の気持ちはこれまで通りしっかり伝えていきます。感謝の言葉でも認められているという感覚を持つことができるからです。

・業務報告書をやめてみた

当社では業務報告書を廃止しました。中途半端な活動報告は、何の意味もなさないからです。

昔は、在庫管理の補助資料として、一週間ごとに業務報告書を提出してもらっていました。しかし、それぞれの社員で書いている情報のレベルが違ったり、提出がまばらになってきたりと、中途半端になっていました。

一部の情報だけ集まっても、全体が把握できなければ在庫管理には活かせません。つまり無駄です。そうなると、社員自身も書く意味を感じず、ただ手間が増えるだけの作業だと感じるでしょう。

だから、業務報告書はやめました。

しかし、何も変わりませんでした。

今後も業務報告書は廃止したままです。行動を管理する必要性も感じていませんし、リーダーの能力や労力、社員の能力や労力を考えれば中途半端にしかならないと感じているので、当分やることはないでしょう。

・スキルアップ研修をやめてみた

手間や費用に見合っただけの効果がないので、スキルアップ研修はやめました。

ベテランとタッグを組んでやってもらうスタイル、スキル表を作成するやり方、社外の研修など、その時々に合わせる形でやってきましたが、研修を受ける側の取り組み姿勢の欠如、伝える側のスキル不足もあり、かけた時間に対しての効果は得られていないと感じたからです。

研修をやめてみても、何も変わらないというのが現状です。業務をやりながら学んでいることが、経験値になっているからです。会社が求める研修は、やらされている感が強くなり、意味が薄くなってしまいがちです。今後も、組織発信の社内研修は実施しません。

一方で、自ら進んでやることには意味があるので、社員発信で提案される社内研修は実施します。仮にうまくいかなかったとしても経験にはなるでしょう。また、自ら志願する社外研修には、どんどん参加してもらいます。刺激になりますし、知らない世界を広げることは大きな意味があります。

・定例の全体会議をやめてみた

今まさに実験的に実施しているのは「定例会議」をやめてみることです。

「会議で発言する人が決まっているから全員でやる意味がないのではないか」「会議をするために議題を探しているように見える」など社員からの意見があり、

月次で実施していた定例の全体会議を1年半ほど前からやめています。

準備や内容の検討には時間も労力もかかるので、なくなれば楽になるだろうと考え、やめてみました。ただし、話し合うべき議題があるときなど、必要性があるときは実施します。

月次の会議をやめてからは情報共有のレベルが下がったと感じています。これまでは会議に参加すれば提供されていた情報が、自分で拾いに行かないと入ってこなくなりました。また、会議のやりとりの中で、社員の意見や考え方を知る機会としても役に立っていたと気づきました。

情報を知らないと業務に支障が出てしまいますので、情報を与える仕組みは必要になると考えています。

これを踏まえて、今のところは必要性があるときだけやるスタイルを継続しようと思っています。私としては、議題があるときだけでなく、全体の情報共有のレベルが下がりすぎないタイミングで実施することを社員に提案したいと考えています。

毎月の会議は大変ですが、やることがあるときはやったほうが生産性も上がるでしょう。

ここまでが当社での事例です。

もしかしたら、マネジメント業務のレベル自体が低いから、やめても影響がないのだろうと感じている人もいらっしゃるかもしれません。

ただ、現実として、リーダーや部下のレベルに合わせて実行できる範囲のこと以外は削ぎ落していくほうが効果的だと考えています。特に部下のレベルを無視して進めるやり方はうまくいかないことが多くあります。マネジメント業務も、人に合わせて変えていく意識を持ちましょう。

ゆ マネジメント業務をやめたことによるメリット

とにかくやることが減るので、それだけで楽になります。資料の準備など形が見えることだけなく、心労が減ったことが大きいのでしょう。私自身の性格的なことも影響していると思いますが、細かなことまで気を遣いながらやっていることが多くあったということです。

当社の事例では、大きな部分のマネジメント業務をやめていますが、できそうなことからやってみてください。例えば、使用頻度の少ない帳簿の記帳をやめてみるとか、複雑な報告書を簡素化してみるといったことであれば、実行もしやすいのではないでしょうか。やめてみることで、やめても問題ないのか、やっぱり必要なのかが見えてきます。必要だけど労力が大きいことであれば、簡素化でも

ＯＫです。リーダーもやめることのハードルを下げて取り組んでみましょう。

マネジメントをやめることに抵抗がある人や立場的に難しい人もいるでしょう。そういう人は、自身で完結できることの範囲内で、やめてみることや簡素化できそうなことがないかを考えてみてください。

やめることにより、自由に使える時間も増えます。その時間は、より効果を感じるマネジメント業務に充ててもいいでしょうし、就労時間が長い人であれば早く切り上げて身体を休めてもいいでしょう。

マネジメント業務を少しでも「やめる」ことができれば心も体も楽になるのです。

ゆ 社内ルール篇

この社内ルール編でお伝えするのは**必要のないルールはやめる、つまり、ルールを減らす**ことです。ルールを減らすと、リーダーの労力とルールに縛られる部下のストレスを減らすことにつながります。

さて、「ゆるリーダーシップ」では、部下が自分で考えて行動する組織をつくり上げることで、リーダーが楽になることを目標としています。**部下が自分で考えて行動するには、自由度は高くあったほうが良い**です。

そのためにも、守らなければいけないルールは少なくしていきましょう。細かなルールがあればあるほど、考え方や行動は制限されてしまいます。

「そんなことをしたら組織が崩壊する」と思うかもしれませんが、大丈夫です。

制御ができないほどの人が現れることはほとんどありません。だからこそルールで縛る必要はないのです。

ゆ 社内ルールの大原則

「ルールを減らす」といっても、ルールは存在します。

そのルールとは**事業として成立するために絶対必要なもの**です。農業機械を製造している当社で言えば安全、品質、納期のルールだけは守ってもらわなければなりません。ここを守らないと、顧客との信頼関係が失墜し、事業として成立しなくなってしまいます。

逆に言えば、事業が成立する最低限のルールが守られていればＯＫです。

ルールは、増えれば増えるほど守られないことが多くなります。**守ってもらうルールを限定すれば、守るべきルールに集中し遵守できます。**

また、**社員の自主性を失わないためにもルールを絞ることは必要**です。社員の考えや行動を制限させないためです。自主性は、自由度の高さから生まれます。

さらに、組織の柔軟性にも影響があります。たくさんのルールで縛られている組織は変化に弱いのです。

守るべきルールに集中してもらうためにも、社員の自主性や組織の柔軟性のためにも、ルールを絞って守ってもらいましょう。

・守れないルールはなくていい

「ルールは守るもの」という考えがあるのであれば、それを逆手にとって、**「守れないルールはなくしていい」**と考えましょう。暗黙で許されるルールや、ほぼ誰も守っていないルールは不要です。

人の数だけルールは増えていくと言われていますが、ルールの数が増えれば増えるほど、守られないルールも比例して増えていきます。そしてルールを守らせるためのルールができていき、どんどんルールが複雑になっていくのです。

そうなると、すべてのルールを把握することはほぼ不可能。ルールがわからないと、やっていいこととダメなことの判断が難しくなるため、どんどん自主性を奪ってしまします。

とはいえ、ある程度の規範や指標としてルールが必要だという意見にも一理あります。行動の基準があいまいになり、良し悪しの判断の難易度が高くなるからです。

「ゆるリーダーシップ」ではルールではなく、**ガイドライン（目安になる指針）をつくることを推奨します。「できるだけやってほしいこと」「目指すこと」はガイドライン**にすると、「ルールを遵守させる」というリーダーの仕事を減らしながら、行動の基準も示すことができます。

・ルールを極めることをやめる

リーダーとしては、生産性を上げるルールはできる限り導入していきたいものです。例えば、5S活動（整理・整頓・清掃・清潔・しつけ）も、品質、コスト、納期の改善のためには重要なルールです。

一方で、生産性を向上させるルールには上限がありません。追求すればするほどルールの数が増え内容も厳しくなっていくので、徐々に守れない人が増えてしまいます。

せっかく生産性を上げるルールが無下にされてしまっては、意味を成しません。そうならないためにも、**生産性を上げるルールに関しては社員が守れる必要最低限をルールとして設定しましょう。**

５Sの例で言えば、当社では鉄板の半端材をA４サイズ以下のものはスクラップにするというルールがあります。さらに極めていこうとすれば、鉄板の厚さごとにスクラップサイズを決めることもできますが、対応する社員が大変になるのでやっていません。

整理整頓に関しても、皆が共有でよく使うものの置き場は決めていますが、それ以外は担当者ごとにやりやすいようにやってもらっています。すべての置き場が決まっていれば探す時間を減らすことになりますが、やればやるだけルールを守れなくなる人がでてきます。

どこまで徹底させるか、どこまできれいにするのか……。行き過ぎたルールはストレスになるので、ルールを極めていくことをやめてみましょう。

ゆ 厳しいルールはなくていい

当社では安全、品質、納期以外のルールを設定する際には、そのルール自体をゆるく考えます。**社員の考え方や行動を制限しないためにもルールをゆるくしてみましょう。**

・服装や髪型は自由

当社では、服装も髪型も自由にしています。業務自体に大きな影響がない職種だからです。長髪でも金髪でも構いません。業務に支障がないようにさえしてくれていれば何の問題もないからです。

服装についても、会社から支給される作業服が存在していますが、自分の好きな作業服を着たい人には支給せず、購入補助を出すことにしています。過去、服装についてのアンケートをした際に自由に選択できるほうがいいという意見が多かったからです。洗い替えを考えた場合に十分な量を支給できていないことも自由にしている理由の一つです。

・遅刻、早退、中抜けの理由は問わない

当社では、詳細な理由のない報告でも認めています。不在になること自体に変わりがないので、理由は何でも構わないからです。たとえどんな理由であれ、社員にはその時間に会社から離れたいという理由があることは確かなことです。それであれば、少しでも気楽な気持ちで報告できる環境にしてあげようという考え方です。

理由によって認められないという環境であれば、「早退したいけど理由をどうしよう」と考えさせることになります。また、ウソやごまかすことを考える可能

性も出てきます。だから当社では理由の中身を問わないようにしています。お互い様になるので、社内から不満の声は聞こえてきません。

・取り組み方や仕事のペースは自由

納期に間に合わすことがルールになっているので、それさえ守れば取り組み方や仕事のペースは自由です。主体的に考え行動してもらっているから当然のことです。

社員自身がやりやすいようにやってもらうのがベストだと考えているので、丁寧に時間をかけてやりたい社員が残業することも、効率やスピードを求めてやりたい社員が定時で帰ることも自由です。

他にもゆるいルールがありますが、業務に支障がなければOKという基準は変わりません。

ルールをゆるくしてでも、社員の働きやすさを求めています。働きやすい環境をつくることで、できる限り長く働いてもらえるような考え方をとっています。

ゆ 社内ルールよりも大切なのは個人のモラル

個人のモラルとは、道徳や倫理、物事の善悪を個人の良識で判断して正しく行動する基準を指します。

明確なルールとは違い、モラルだと個人差があるのではないかという声が聞こえてきそうです。確かにモラルはあれば個人差はあります。

しかし、「ゆるリーダーシップ」では、事業に支障がないという条件がクリアされていれば個人差は許容範囲だと考えます。ルールで縛るのではなく、個人のモラルに任せてしまうのです。ここの判断基準は揺るぎません。この個人差を許容することは、社員一人ひとりを尊重することにつながります。

ここで必要になるのが、経営指針書や行動指針書などのガイドラインです。ガイドラインは組織のモラルです。組織の基準を示し、個人のモラルと組み合わせることで、事業に支障が出ない活動をすることができるのです。

リーダーは部下のモラルを尊重し、部下は組織のモラルを尊重します。モラルが大切にされているから、守るルールが少なくても、ルールがゆるくても問題はないということです。

Column

地域社会との関わり

地域社会との関わりが大事だということは、経営をしている人であれば少なからず持っている感覚です。そして、事業を運営していれば、雇用や納税など少なからず地域社会へ貢献をしています。

地元への根づき方や業種業態の違いなども地域社会との関わり方に影響がありますが、リーダーがどう考えるかで地域社会との関わりが大きく変わってきます。

当社の先々代や先代は、地域社会との関わりを大切にしていました。イベントがあれば寄付を出し手伝いにも行きます。長く地元に根づいている企業だから当

Column

然だという考え方です。

地域を大事にするという考え方は私も同じです。ただ違うのは、私は地域よりも社員を大事にしているということです。先代たちは、地域も社員も大事にしていたのです。

極端な言い方をすれば赤字なら、寄付は出せないのです。手伝いに行く前に仕事をとってくるほうが大事ということです。寄付の金額が企業全体で見ればわずかだとしてもです。

黒字であっても、社員への賃金を考えると寄付を出していいものなのかと人知れず葛藤していることもあります。

気持ちよく関わり、気持ちよく支援できる環境を早くつくっていくことを大事にします。

第4章

「ゆるくなりすぎた！」と思ったら

ゆ ゆるくなりすぎると業務に支障がでる

「ゆるリーダーシップ」では、個人の裁量に任せるがゆえに、業務に支障が出てしまう場合があります。「ゆるい」ことによる部下の甘えや拡大解釈が招く弊害です。

甘えや拡大解釈についても、大前提の考え方としては「ゆるリーダーシップ」の個人の尊重を優先します。しかし**業務に支障が出ることは、事業の衰退に直結するため、リーダーが状況を改善しなければなりません。**第４章では、そうなってしまったときの対処法をお伝えします。

まず、ゆるくなりすぎて起こるのは**「さぼり」「若手が育たない」「自分勝手な行動」「まとまりがない」「ベテランが思い通りに動いてくれない」「責任逃れ」「業**

績を意識しない」などの事象が挙げられます。

実は、それぞれ当社でも実際に起こった事象です。そのときの具体的な状況も踏まえて、対処方法を解説します。

組織によっては、今までの考え方と「ゆるリーダーシップ」の概念が異なりすぎて、取り入れることで様々な苦労をすることもあり得るでしょう。そんなときは、本章を見返してみてください。

ゆ さぼりへの対処法

「ゆるリーダーシップ」では、仕事の取り組み方やペースも個人に任せているため、さぼりやすい環境があります。リーダーからも指摘されないため、常態化しやすいとも言えます。

リーダー自身は、個人の裁量として、さぼりではなく「休憩の一環」として受け止めましょう。その後の作業に集中するための時間だと考えます。

しかし、周囲からは「やることをやっていないのにさぼっている」と不満の声が出てきます。この**不満には、リーダーの対処が必要**です。

ただし、注意してほしいのが、不満を感じている人に「さぼりではなく休憩の一環として考えてみよう」と言って、**「ゆるリーダーシップ」を押しつけてはいけません**。言ったとしても迷惑だと感じている事実は変わらないので、納得してくれないのは想像がつくのではないでしょうか。

さて、リーダーがまずやることとは、**不満を持っている人の話を聞いてみる**ことです。原因を明らかにし、どのように対処するかを考えるためです。

当社の場合は、「スキルアップのために努力しているように見えない」「仕事が遅いのに頻繁に持ち場を離れて作業が進んでいない」といった意見から、さぼりだと言われる社員の仕事への向き合い方が問題だとわかりました。「取り組み姿勢に対する不満」というのは、大小関係なくどの会社でも、不満の原因としてよくあるものです。この場合、**取り組み姿勢の改善が必要**です。

取り組み姿勢の改善のためには、**経営理念の浸透**が有効です。経営理念には、「何のために働くのか」という根本への意識、「どんな基本姿勢で仕事に向き合うのか」が記されています。ここに共感をしてもらえれば、自分の存在意義のためにも、自然と真摯に取り組むようになります。

経営理念を意識した行動ができている人は、日頃から仕事に対して真摯に向き合っているため、同じようにさぼっていてもさぼりとは言われません。真摯に向き合っている姿を感じ取ってもらうことが、休憩の一環として受け止めてもらえることにつながります。

経営理念は、リーダーが**経営理念をぶらさない**ことで浸透していきます。第1章でもお伝えした「ゆるリーダーシップ」を成立させるために守りたい5つの考え方の一つです。リーダー自身が常に経営理念を意識し取り組む姿勢の見本になることが経営理念の浸透につながります。

一方で、部下にも行動をしてもらう必要があります。

当社の場合は、「経営理念の唱和」を取り入れています。経営理念を唱和しても意味がないという人もいますが、一週間に一度でも声を発し、耳から聞くことの積み重ねは浸透には有効だと考えているからです。

経営理念の唱和や掲示などは、比較的難易度低く取り組めます。できることをやっていくことで、部下自身が意識を持って取り組むことができる環境をつくっていきましょう。

そもそも、経営理念はすぐに浸透するものではありません。だからこそ、完璧な浸透までいかなくても、**リーダーが経営理念を意識した行動を取り続ける**ことが重要です。

当社では取り組みの結果、さぼっていると言われていた社員が、さぼっていると言われなくなりました。持ち場を離れることは相変わらず多いですが、業務に前向きに取り組み、能力的な成長を遂げたことで「やることをやっている」という見え方に変わっていったのです。

ゆ 若手が育たないことへの対処法

育成については、個人の成長意欲の高さで大きくスピードが変わります。「ゆるリーダーシップ」のもとでは「成長もマイペースでもいい」という考えを持つ部下もいますから、なかなか育たないという現象が起きることがあります。

リーダー自身は、**成長スピードは人それぞれだと受け止めます**。取り組み続けてくれれば着実に成長してくれるからです。

しかしこの場合も、周囲からは「いつまでも成長しないと、こっちにしわ寄せがくるよ」と不満の声が出てきます。

この場合のリーダーの対処法は不満を感じている人の意見を聞くことです。ただし、先ほどと違ってこの場合は聞くだけです。**個人の成長スピードを受け止めることを優先**しましょう。なぜなら、着実に成長を続けてくれることのほうが、会社にとっては財産となっていくからです。

不満を持つ人には納得してもらえないと感じていますが、それも覚悟の上。会社の成長のために、部下の成長を優先します。

リーダーでも「成長を待っているなんてできない！」という人もいると思います。そんな人のために、成長スピードは人それぞれだと受け止めるコツをお伝えします。それは、**部下の成長を組織の基準で見ない**ことです。

リーダーの中には、「1年目では、○○ができるようになって当たり前」「3年目までには一人でできるようになる」などといった意識が存在していることがあります。これは組織的に見た成長基準で個人を見ている状態です。たとえ無意識だったとしても、今までの経験から、知っている人を基準に考えてしまいがちです。「ゆるリーダーシップ」では、その意識ではいけません。
ただ、目標として「○○ができるようになる」と掲げることは悪いことではありません。目指す姿が明確になり、それに向かって頑張れる人もいるでしょう。
ただし、できなくてもいいと思いましょう。部下の成長の到達点を組織の基準で決めないことが、成長を待つために必要なマインドです。

当社でも、同時期に入社した社員と比較され、評価が厳しい社員がいました。それでも本人が自分で考えながら仕事に取り組み、少しずつ着実に成長を続けたことで現場を任せられる人財になりました。5年ほどかかりましたが、大きな成長を遂げた事例です。

一方で、リーダーが成長を待つ姿勢でいても、部下本人が諦めてしまうパターンも存在します。

当社でも、この会社で自分が働く意義を見出せなかったり、仕事は教えてもらうことが当然、自分がやれることだけやりたいというスタンスの社員は離職をしていきました。

彼らにも経営理念の浸透とともに改善することを期待しましたが、「ゆるリーダーシップ」の場合は、どうしても本人の意思や意欲の部分が影響してきます。

反対に、頑張りたくてもうまくできずに一度離職を決意した社員が、思いとどまって、別の部署で活躍している例もあります。

つまり、その**意欲を引き出し取り組み続けることができれば、絶対に成長する**のです。そのための「ゆるリーダーシップ」です。私はこれからも社員の成長を見守り続けていきます。

ゆ 自分勝手な行動への対処法

繰り返しになりますが、「ゆるリーダーシップ」で重要視していることは、個人の尊重です。しかし、**個人を尊重することと自分勝手の許容は別物。**業務や業績への影響を大きくしないためにも、段階に合わせて対応を厳しくしていきます。

実は、**「ゆるリーダーシップ」は「自分勝手な行動」が起きやすい環境**でもあります。部下が自ら考え行動することが基本のため、それぞれ考え方の違いによって行動にも差が出てきます。Aさんの行動が、Bさんには自分勝手に見える、ということがあり得るのです。

周囲からすると、「自分勝手な行動」は不満になります。特に、周囲のことを考えられていない行動や、行き過ぎた行動は反感を買いやすいものです。

このときリーダーがとる対処は、**自分勝手な行動をしていると思われている部下に話を聞くこと**です。どうしてその行動をとったのか、部下の考えをきちんと受け止めます。

一方で、それを**不満に思っている人の話も聞きましょう**。

出てくる不満の内容は基本的に2パターンに分かれます。「考え方の違いや価値観の違いから出てくる自分本位な不満」のパターンと、「自分勝手な言動に対しての不満」です。

例えば、自分本位な不満は「自分が苦労しているのに手助けせずに帰る」といった内容が当てはまります。手伝うのが当然というのは不満を言っている側の価値観です。

対して、自分勝手な言動に対する不満は、「それって今やること？」といった内容が挙げられます。優先的にやるべき業務と関係ないことをしている場合などに聞こえてきます。

不満の内容が前者の場合は、聞くだけにとどめます。おそらくその人だけが感じていることで、周囲に影響しないからです。

不満の原因が、言われている側の**自分勝手な言動であれば、リーダーはさらなるアクションが必要**です。リーダーがアクションを起こすだけでも、不満を言っている側の気持ちを和らげることもあります。

アクションの内容としては、**注意喚起**です。本人に直接指導をするのではなく、行動指針に掲げたり、社内報に記載するなど、誰とは言わずに組織内に悪影響を及ぼしていることを伝えます。

「しっかり本人に伝えるべきではないか」と思う人もいるかもしれません。しかし、自分勝手だと思われている人も悪気があるわけではないことがよくあります。周囲のためになるからと考え、良かれと思ってやっているのです。ただ、考えが違う人から見ると、勝手な行動、押しつけになってしまっているのです。

良かれと考えている人には、**自分の行動が不満につながっている可能性に気づいてもらう**必要があります。不満を感じるのは受け手側です。やってしまっている側は良かれと思っているので、不満への感度が鈍いのです。

だから注意喚起で「自分の行動が誰かの不満に当てはまっていないか？」を考えてもらうきっかけをつくり、組織全体に目を向けてもらうのです。

とはいえ、それでも気づかずに、一向に改善されないこともあります。そういう場合は面談等で直接伝える必要が出てきます。

自分勝手な発言はエスカレートしてくると、ただのわがままになっていきます。特に自分自身の能力に自信を持っている人ほど、そういう状態に陥っていく傾向にあります。

例えば、ベテラン社員や中途採用者は、成功も失敗も体験し、自分の力で乗り越えてきた経験があるため、能力の高い人も多いです。だからこそ、自分にとって面倒なことが起こったときに、「自分がいないと困るだろう」という条件を引き合いに出し、意見や要求を押し通そうとする場合があります。

当社で過去にあった例では、社内研修会を企画したときに「研修に参加しないとだめなら辞める」と言ってきたベテランがいました。もちろん能力のある人に辞められると大変です。残された社員の負担も大きくなってしまいます。

しかし、私はその要求を断固拒否しました。辞めることを理由に不参加を認めってしまっては、すべてを拒否されることになりかねないからです。腹をくくって

「辞めるなら辞めてもらって構わない」と伝え研修参加を呼びかけた結果、そのベテラン社員は研修会には参加してくれました。

何かを引き換えに意見や要求を押し通そうとする場面は、少なからずあります。そのとき、**リーダーはこちらの不利益と引き換えに要求を通してはいけません。**他の社員に示しがつきませんし、歯止めが利かなくなってしまいます。

自分勝手な人、自分勝手に見える人を変えるのではなく、リーダー側でできることを実行していていきましょう。

ゆ まとまりがないときの対処法

チームにまとまりがないと、一体感が生まれないですよね。チームは、まとまっているのが理想です。すべての社員が同じ方を向き、素晴らしい協力体制が築けるからです。しかし、見方を変えてみると、組織の考え方に社員が合わせているだけという可能性があります。

「ゆるリーダーシップ」では、**リーダーは無理にまとめようとしなくてOK**です。なぜなら、人それぞれ考え方が違うからです。良いと思うことも違えば大事にしている価値観も違いますし、立っている位置も歩みたい道筋もバラバラです。

このように考えが合わないもの同士をまとめようとしても、摩擦が増えていくだけですし、リーダーもいろいろなところに気を遣って心労が増えます。それに、

まとめようとすればするほど、部下の考えを尊重しない部分が増えてしまうでしょう。

先ほど例に挙げた「良かれと思って」などはその顕著な例です。アドバイスをした側は「相手が聞こうとしない」と腹を立て、腹を立てられた側は「何を勝手に怒っている」となって、人間関係が悪くなっていくのです。

具体的なリーダーの対応としては、両者の意見を聞き、どうすることが解決に近づくのかを考えます。一方だけがリーダーに不満を言ってくる場合もあれば、両者が不満を言ってくる場合もありますが、どちらの場合も同じ対応をしてください。

ここで大切なことは、解決のために**できる限り本人たちに行動をしてもらう**ことです。リーダーが率先して動いてしまうと、「言えばやってもらえる」という感覚に陥り、言いたい放題になってしまう可能性があるためです。

それでも解決しないこともあります。お互いに違いとして受け止めることができれば前進しますが、感情のもつれは簡単には解決しません。
このような場面でもリーダーは、解決に向けてまとめようとしてはいけません。部下の考えを尊重しない部分が増えてしまうからです。

組織の協力体制でも同じようなことが言えます。
組織は協力体制が弱いからといって、無理にまとめようとしてもうまくいきません。む

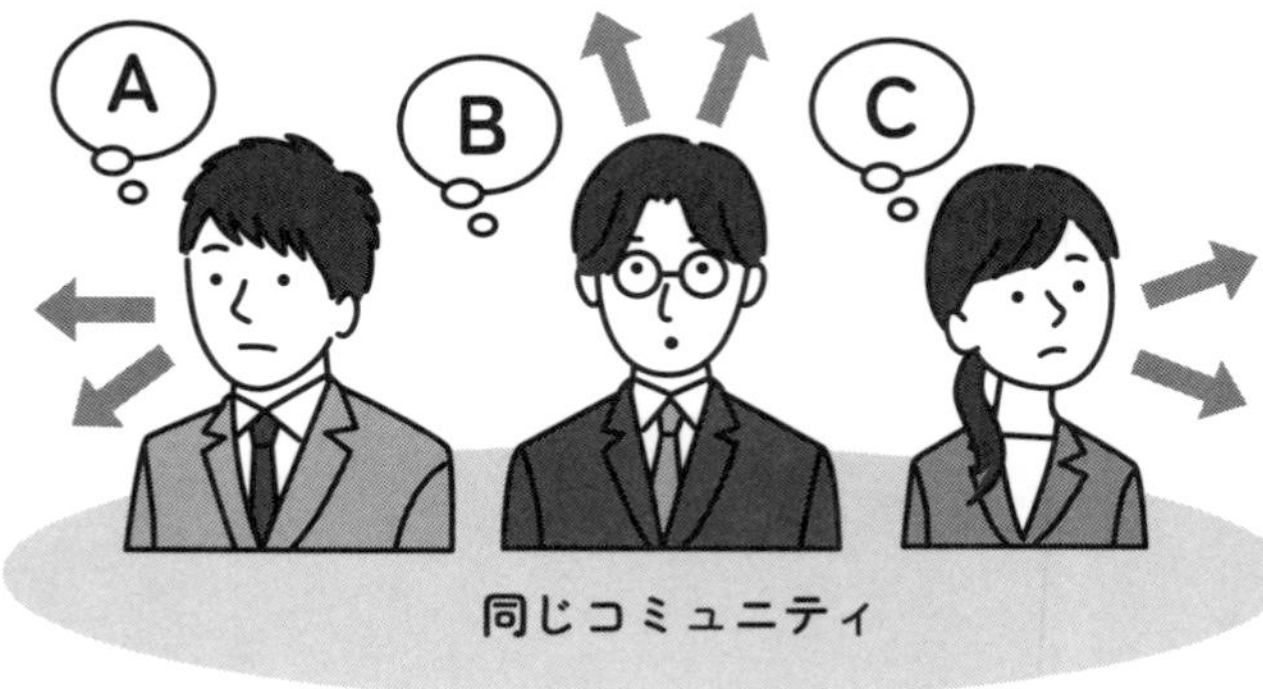

しろまとめようとするだけ無駄です。誰に対しても協力的な人もいれば、相手によって協力姿勢が変わる人も、協力よりも個々が役割を果たせばいいと考える人もいるからです。そもそもの考え方の違いをまとめることはできないのです。

考え方を強要しても協力体制が良くなる可能性は低いです。仮に協力しているように見えても、無理にやっている気持ちが強くなりストレスにつながります。

さて、まとまっていない組織は問題が発生しやすくなります。

しかし、これは前向きにとらえると、**課題が浮き彫りになりやすい**とも言えます。課題が見えやすければ、問題が大きくなる前に解決に乗り出せるはずです。

反対に、まとまっている組織だったとしても、組織に合わせているだけの場合は、課題が埋もれてしまい、不満が表面化したときには断裂するほどの大きな問題になってしまいます。

ゆ ベテランや中途社員が思い通りに動いてくれないことへの対処法

そもそも「ゆるリーダーシップ」では、**思い通りに動いてもらうという感覚はありません。**部下の考え方や行動に合わせていくのが「ゆるリーダーシップ」です。

ただし、**組織の立て直し時や業績の改善時など、新たな取り組みが必要なときは「思い通りに動いてもらいたい」場面**になります。仮説を立てて検証するなどスピーディーな取り組みが求められるからです。

社内で新しいことをはじめようとしたとき、ベテランや中途社員などは無理に動かそうとしても動いてはくれません。成功も失敗も経験があるので、自分の考えを優先しがちなためです。

今までやってきたやり方を変えるのは非常に大変ですから、新しい取り組みに対して反発したい気持ちもわかります。それでも新たな取り組みが必要になっている以上、「思い通りに動いてくれない」という受け止め方では事業に支障が出てしまいます。

一方で、彼らは**納得できる内容であれば、動いてくれる人たち**でもあります。自分が「気になっていること」や「得意なこと」には積極的なのです。ベテランや中途採用の社員は、言い換えれば、良いノウハウを持っている人ですから、**彼らの考えと組織の改善案をすり合わせ、納得できる形に仕上げていきましょう**。そうすることで、実行率もあがります。

ベテランや中堅社員が複数名いると、それぞれが気になるところも得意なこともバラバラなため、みんなが一緒になって取り組む環境をつくることが難しい場合もあります。

そのときは、**リーダーが仲介者となり、それぞれの主張から見えてきたものを改善案にすり合わせていきます**。個人面談などを活用して、気になっているポイントや得意なことを引き出していきましょう。

当社では、委員会という形をつくり、それぞれの委員長を工場で働くベテラン4名に任せることで、改善案を実行しました。

周囲の取り組み姿勢の悪さを気にしていたベテランには、職場環境の改善を検討する「環境委員会」。整理整頓が得意なベテランには職場の整理整頓を検討する「5S委員会」。製造スピードが早いベテランには「製品委員会」。フットワークの軽いベテランには「顧客満足委員会」といった具合です。特性を活かした立ち位置を用意し、それぞれの委員には委員長がやりやすい人選をするなど工夫も入れることで、皆さん前向きに会社改善に取り組んでくれました。

結果的には**「こういうことがやりたかった」**など好意的な意見もあり、**改善を進めることができました。**頑固に見えるベテランも、リーダーが「丁寧に話を聞き」「真剣に受け入れる姿勢」を見せることで受け止めてくれたのです。

ゆ 責任から逃れようとすることへの対処法

「ゆるリーダーシップ」では、社員ファーストで顧客よりも社員を大切にする、という話を第3章でしました。しかし、時々この社員ファーストを勘違いして、クレームが起きる案件があります。

担当者の能力や会社としての能力が不足している場合もありますが、たいていは**能力よりも姿勢に問題があるのが原因**です。社員ファーストを勘違いしてしまった社員自身の「自分は悪くない」と相手側に責任転嫁するような言動が、クレームを大きくしてしまいます。

「ゆるリーダーシップ」における社員ファーストは、「しっかり対応しなければならない」と考えている社員が、顧客の意見に押しつぶされないようにするためのものです。責任感がない人の言い訳にしてはいけません。

そうならないためにも、リーダーは**「この仕事は君の役割だ」と日頃から部下に認識させておく**必要があります。

とはいっても、特に変わったことをするわけではありません。「ゆるリーダーシップ」の考え方どおり、**部下の成長を優先**して任せるです。

具体的に言えば、その業務の担当に顧客対応や得意先対応をすべて任せます。

能力的に対応が難しい案件であっても、最後まで担当者であることを忘れずに、自分の役割だという認識を持ってもらうのです。

クレームなどの問題が見えてきても、できる限り責任を持って対応を続けてもらいます。ここが成長のポイントです。相手先からすれば、リーダーが担当したほうが良いかもしれませんが、顧客満足度を落としてでも部下の成長を望むのが「ゆるリーダーシップ」と思って割り切ります。

ただし顧客からのクレームが大きくなってしまえば、事業的にマイナスになる可能性も大きくなり、社員にとってもストレスです。ですから、段階に応じてリーダーがフォローに回りましょう。

まず問題点が見えはじめてきた段階では、対応をアドバイスします。**アドバイスはしますが、同行など一緒に対応をすることはしません。**一緒にやってしまうと責任がリーダーに移ったと感じてしまうからです。

さらに相手先もあることですから、うまくいく可能性を高めるために**必要な応援やフォローを社内の人に依頼**しておきます。製品についてなら製造担当者、現場関係なら工事担当者などに問題点を共有しておき、状況に合わせて対応してもらいます。

それでも、相手先から担当者では無理だという反応があったら、リーダーが出て行きましょう。

このようなケースが出てきたら、リーダーにはもう一つやることがあります。**責任の大切さを伝える内容をスローガンや行動指針に掲げる**ことです。行動指針には「責任を持って行動する」という直接的な表現のほかに「課題から逃げない」「言い訳をしないで改善策を考える」など、責任につながる具体的な内容を増やします。また、周囲から責任のなさについての不満が出た場合は、社内報などで素早く周知してタイムリーに響きやすい状況をつくります。

責任逃れは成長の敵です。最後まで責任を持つことや細部まで責任を持つことが成長につながります。

リーダーとしては、最終的な責任は持つので、「やれるところまでやってみよう」という気持ちが部下に生まれることを期待しましょう。

ゆ 業績が悪くなりそうなときの対処法

業績が悪くなってきたら赤信号です。業績が悪くなる要因は様々ありますが、リーダーは**内部環境を改善**していくようにしましょう。

まず、今までお伝えしてきた、ゆるくなりすぎたことの弊害が起きていないかを考え、当てはまるものがあれば改善策を取りましょう。

弊害が改善されないと、業績に影響します。組織の成長を止め、受注の機会損失や責任逃れによって、企業としての信頼度が下がってしまいます。

その他にも、**部下の業績への意識の低さ**も業績に影響します。業績が自分事になっておらず「やることをやっていればいい」という考え方をしてしまうと、業績は悪くなっていきます。

リーダーは、ゆるくしていても業績を良くするために、自分がコントロールできることに取り組みます。それが内部環境の改善です。

当社では、「経営指針の浸透」「行動指針の徹底」「賃金への反映」に取り組みました。

「経営指針の浸透」は、**経営理念の浸透にはじまり、10年先のビジョンや3年から5年後に向けての方針、業績的な数字や行動の計画**を社員に意識してもらうことです。

経営理念を意識すると「なぜこの仕事をやるのか」の根本が見えてきます。社員に、根本と将来、両方の意識を持ってもらうことで、今の取り組み姿勢が改善されていきます。

例えば、納期を守ることと自分たちが苦しくならないことを優先して消極的になっていた人が、経営指針が浸透することで、できる限り受注することをベースに考え、どうすれば受け入れが可能になるのかを探る考え方に変わったりします。

業績を意識した考え方ができるようになると、自分のことだけではなく、組織の一員としての意識が高まるため、行動の量や質も良くなります。

さらに、**業績が悪化してしまったときには**、日頃はガイドラインとしてゆるく設定している**行動指針を徹底することが必要**になります。

この章にも出てきた「自分勝手」や「責任逃れ」の対処にも行動指針を活用し

て、自主的な改善を促していきます。それでも業績へ影響が出るような行動が続いては見逃せません。弊害の多くは、取り組み姿勢が影響しています。だからこそ行動指針を徹底させていくことが、ゆるくなりすぎることを防ぐのです。

また、「賃金への反映」は、部下に業績を自分事化させるのに有効です。特に対象になるのが、**賞与などプラスアルファで出すもの**です。

シンプルに、賞与はあるもの、という考え方を変えさせるのです。本来は、業績が悪ければ出ないものですから、おかしい話ではありません。期待していたものが出ないというのは社員の感情に影響はありますが、次の結果につなげてもらうためにも、あって当たり前、という考えを変える工夫をしましょう。

一方で、業績が悪化したときでもやってはいけないことが3つあります。

❶仕入先への値下げ交渉

交渉がしやすい立ち位置にいるので、収支を改善したいときに考えてしまうことです。ダメもとでもいいからと簡単に考えて常に交渉する人がいますが、交渉される側は、正直しんどいです。交渉することが当たり前のことだと考えている人もいますが、長い目で見たら目先の値下げ交渉はマイナスです。そのような関係性では長続きしないでしょう。

❷顧客への値下げ販売

少しでも安ければ販売量が増えると思い、値下げを考えてしまいます。販売量が増えれば多少の値下げがあっても売上は増えますが、業務量も増えます。仕事がないよりもマシだからという考え方は社員を疲弊させます。中身のない仕事ほど無駄なものはないのでやめましょう。

❸営業ノルマ

営業活動も強化しますが、決してノルマなどは課しません。社員のストレスになってしまいます。営業で何とかしようとするのは、コントロールできない部分に取り組むことになるので無理をしてはいけません。あくまで補助的な行動として、できる範囲の活動をします。

以上が、業績が悪くなりそうになったときに「やってはいけないこと」です。業績改善のためには、目先のことにとらわれずリーダーの行動が反映される内部のコントロールをしていきましょう。

Column

行動計画は必要か？

当社が毎年作成する経営指針書（事業計画書）には、経営理念、経営方針、行動計画などを盛り込んでいます。

そのうちの行動計画には、経営方針の実現、1年の数値目標達成のために取り組んでいく内容が記載されています。リーダーとして取り組んでもらいたい内容や社員の考えたものです。

その1年は行動計画に掲げたことを取り組んでいくわけですが、うまく進められないこともあります。場合によっては、取り組みさえしていないこともあるのです。

行動する内容には、絶対にやらないといけない案件もあれば、できるだけやれ

Column

たほうがいいという案件もありますが、リーダーは絶対の案件でなければ、メンバーが取り組んでいなくてもかまわないと考えましょう。

もちろん私も「やってくれよぉ」と思いますし、「なんでやってくれないの？」と疑問も持ちます。

でも、やっていないことには、何かしらの理由があるのです。

他に優先させる案件があり、やれていないという真っ当な理由もあるでしょう。やり方がわからないからやっていないこともあるでしょう。やりたくないからという納得のいかない理由もあるかもしれません。ただ、理由の中身にこだわってしまっても、結局やれないときはやれないのです。真っ当な理由探しをはじめさせるだけのことになってしまいますので、できなかった現実だけ受け止めておきましょう。

第5章

「ゆるリーダーシップ」は永続企業をつくる

ゆ 「ゆるリーダーシップ」が永続企業を実現する

ここまで、4章に渡って赤字企業をV字回復させた「ゆるリーダーシップ」について解説してきました。なぜ、ここまで「ゆるリーダーシップ」を推奨するのかというと、「ゆるリーダーシップ」は永続的な企業、チームを実現することが可能だからです。

昨今、転職が当たり前の時代になっています。成長やチャレンジを求めて転職していく人もいますが、そうでない人もいます。リーダーとしては、せっかく縁あって採用した人には、できる限り長く働いてほしいですよね。

永続的な企業やチームをつくるためには、変化に強い組織をつくることが必須です。変化に強い組織とは、言い換えると、変わっていくことに柔軟に対応できる組織です。

物事に柔軟に対応していくためには、揺るがない土台がないといけません。土台のない組織は、変化しようとしたときに、根本から崩れ、取り返しのつかないことになってしまいます。

「ゆるリーダーシップ」はその揺るがない土台を築くことができるのです。

それはなぜか？

何度も繰り返しになりますが、**組織は人がつくる**からです。

個人を尊重し、成長できる組織は、どんどん土台

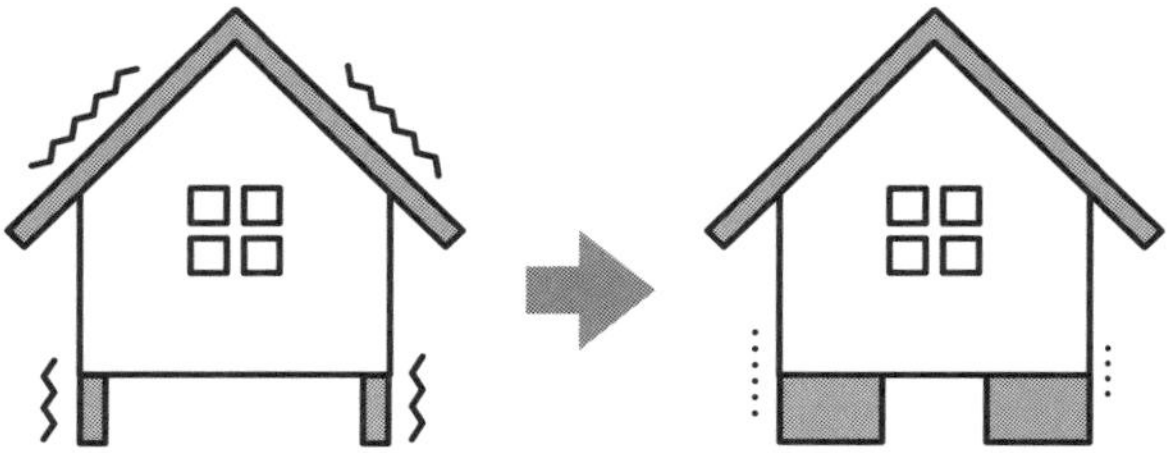

が強固になっていきます。

さらに、変化に対応するだけでなく、自ら組織を良くするための変化にまい進していくこともできます。この良いループが続いていくことが、組織の永続につながるのです。

ゆ　リーダーの寛大さと社員の定着は比例する

リーダーの心が広く寛大であればあるほど社員の定着率は上がります。リーダーが寛大な組織は居心地が良いからです。「ストレスが少ない」「縛られない」「自由度が高い」と感じている部下は、転職したら今よりも大変になることを想像します。だから簡単に辞めようと思わないので定着しやすくなります。

仕事を辞める原因の多くは、人間関係のストレスです。「ゆるリーダーシップ」

では、仕事の押しつけがなく干渉もされないので、ストレスがかかりにくくなります。

また「言いたいことが言える」「言ったら聞いてもらえる」という環境は、たとえストレスがかかったとしても、仕事を辞める原因の解決につながります。

そして、働き方や働く環境のルールに考え方や行動を制限されないため、自分らしくいることができます。

ルールをつくることが仕事になり、ルールを守らせることが仕事では楽しくありません。細かな社内ルールは仕事をつまらなくさせます。

部下がルールに縛られず伸び伸びと働けるのは、部下のモラルを信じられるリーダーの寛大さによるものです。

最後に業務の取り組み方への自由度が高く、自分の考えたように仕事ができるので、やりがいを感じやすいです。やりがいや成長を感じる仕事には、定着してくれます。

自由すぎると何をしていいのかわからなくなる人もいますが、そこから自らの考えを導き出すこと自体が成長であると気づくことができれば、不満にはなりません。

部下が臆することなく自分の考えで動けるのは、失敗を推奨できるリーダーの寛大さによるものです。

・定着しない人のパターン

一方で、どうしても定着しない人というのもいます。「自身の能力不足に耐えられない人」と「一緒に働きたくない人がいる」の2パターンです。

「自身の能力不足に耐えられない人」は、できないことを自分自身で責めてしまい、人に頼ることもできずに結果負のスパイラルに陥ってしまう人です。

「一緒に働きたくない人がいる」人は、価値観などの違いを自分を否定されたように感じて、耐えられず退職していきます。

それぞれ、社員自身や社員間の問題のため、リーダーが関与しても解決できません。長くても3年未満の退職をする場合が多いです。

ゆ 採用に困らない「ゆるい」基準

とはいえ、人は辞めていくものです。家庭の事情や本人のステップアップなど、外的要因による辞職はやむを得ません。定年や、前項で紹介したパターンで辞めていく人もいます。

人が辞めていく、というのは大きな変化の一つです。

そのときに一番問題になるのが、その穴をどうするかという問題です。辞めていった人と同じだけ仕事のこなせる人を採用するのは非常に難しいですし、そもそも応募すらほとんどない、といった状況もあるのではないでしょうか。

「ゆるリーダーシップ」の場合、応募すらないという状況は起こりにくくなります。なぜなら、採用基準もゆるいからです。経験不問、学歴不問、経歴不問、年齢不問など窓口を広げ、応募してくれた人の中からより成長の見込めそうな人を採用する、といった形です。

採用はコストもかかりますし、即戦力が欲しい、良い人を採りたいと考えるのが普通です。そのため、そもそもの条件が厳しいことが多いのです。

ここでは、条件を不問にする考え方も掘り下げてお伝えしておきます。

・経験不問

経験があるに越したことはありませんが、固執はしません。一定の基準までは働きながら成長していくだけでもたどり着けるからです。

経験不問は問い合わせるときのハードルを下げます。さらに、個人を尊重するため、入社後にギャップが生まれることもないので、人が定着しやすいです。

・学歴不問

採用条件に学歴は一切関係しません。学歴で仕事をするわけではないからです。高卒も大卒も同じです。入社前に差をつける必要はなく、入社してできることが多ければ成長した分だけ評価されればいいという考え方だからです。

中途採用も含め面接時に見るのは学歴よりも人柄です。

・経歴不問

今現在の能力で、自社で仕事ができそうであれば採用候補に入ります。あとは、やる気の問題なので、働く側にとっては窓口が広がります。

また、一般的には転職が多い人は敬遠されがちですが、それだけで切り捨てる必要はありません。以前の組織では我慢しなければならなかったことが、当社では大丈夫ということが多くあります。

どんな職務経験でも新しい考え方ややり方を取り入れられるチャンスとして受け入れます。

・年齢不問

戦力になってくれれば何歳でもOKと考えます。年代ごとによって違う良さがあるからです。

20代であれば、長く働ける将来性、若さならではの発想力や体力面という魅力があります。ただ、どこの組織も欲しがる年代ではあるので、競争は激しいです。

30代・40代であれば、働き盛りでこれまでの経験もあり、20年以上の継続が見込めます。親の介護などで融通の利く会社を求めていることもあり、当社の採用では一番多い年代です。

50代、60代であれば、自社にない高い能力を持ち合わせていることもあります。年齢が高くなるほど選べる企業が減るため、選択肢に入る確率が上がるので、能力の高い人材を採用することもできます。

このように考えることで、採用には全く困らなくなります。

さらに、当社では、実は採用コストもほとんど掛かっていません。自社のホームページやハローワークなど無料で掲載できる媒体、また企業説明会も参加費がかからないものだけの参加ですが、定期的な採用ができています。

まず、**求職者の選択肢に入ることが重要**です。厳しすぎる条件では、どんなに魅力的な企業だったとしても、求人票をみた時点で諦めてしまう人が大量発生します。窓口を広げるためには、不問事項を多くすることがポイントです。

ゆ 定着するから土台ができる

社員が定着し、自社で経験を積むことで、組織としての強固な土台ができていきます。

そこには、「ゆるリーダーシップ」の「頑張らないところ」「ストレスフリーなところ」「楽をするところ」が関係しています。第1章から第3章をおさらいするような内容になっていますので、確認する気持ちで読み進めてみてください。

・頑張らないところ

第1章でお伝えした、**部下との関わり方と理想をゆるめることが頑張らないところです。**

関係性をゆるめて対等な関係を築くことで、自分だけが必死になることを避けられ楽になります。理想をゆるめて部下の不満を減らすことで、リーダーの心理的負担が減り楽になります。

リーダーが頑張らないことが、一人ひとりに自由度の高い裁量を持たせることにつながります。そして自分で考え行動する自律型組織ができ上がることで組織の土台は強固になっていきます。

・ストレスフリーなところ

部下と「ちょうどいい距離感」をとることで、ストレスフリーな関係を築きます。部下に対して干渉しないことや実務以外を求めないこと、リーダーとして人柄が良さそうに思われることやボランティアに対する接し方をすることが、ストレスフリーなちょうどいい距離感です。

ちょうどいい距離感を基礎にして、リーダーは「任せて大丈夫」と思える状況をつくり、社員側には「言ったら聞いてもらえる」と思われる状況をつくり上げましょう。

ちょうどいい距離感が保たれ、信頼関係が構築されることで社員が定着し、組織の土台を強固にしていきます。

・楽をするところ

リーダーらしさ、マネジメント業務、必要のないルールの3つを「やめること」が、楽をするところです。

リーダーらしさをやめると、リーダーへの依存がなくなります。

マネジメント業務をやめると、社員が無理にやらされている感覚がなくなります。

必要のないルールをやめると、社員の考えや行動を制限しなくなります。

良い組織にするためにと、あれこれ足していくのではなく、引いていくことで働きやすい環境がつくれます。無理のない働きやすい環境が気持ちよく働けることにつながり、組織の土台を強固にしていきます。

定着がなければ、土台は固まっていきません。常に新しい人ばかりでは、社員自身が自分で考え行動してもらうこともままならないからです。定着すればするほど、成長による自主性と信頼関係が深まります。そして、揺るがない強固な土台になっていきます。

ゆ 土台ができるとリーダーは時間ができる

組織としての強固な土台ができてくると、リーダーは時間ができてきます。社員が自分で考えて動くため、リーダーが介入する仕事が少なくなるからです。

時間ができれば、リーダーは事業継続や組織改善のための取り組みや、自身の成長のための取り組みをすることができます。

私の場合であれば、社員が楽になる設備投資のための補助金申請や、将来のリスクを避けるための新規事業をはじめました。新規事業の場合、時間を奪われないためにも運営をお任せできることが大事です。例えば、廃業を検討していた会社の事業を受け入れる形などは、業務運営をそちらの社員にお任せできます。

成長のためにできることであれば、もっと簡単な内容でも構いません。例えば、経営者団体の会長や部長、委員長などを引き受けてもいいでしょう。収益があるわけでもない、ボランティア活動のようなものでも成長には役立ちます。地域への貢献になるだけでなくリーダーの練習にもなります。失敗してもいいわけですし、気楽にできます。

・昇進してさらなる組織改善に取り組む

現場のリーダーであれば、さらに上を目指すことも可能になります。「ゆるリーダーシップ」で自分のチームが自律するようになると、もっと大きな組織単位での改善ポイントに目が向くのではないでしょうか。

一般的な組織であれば現場を改善するためには、権限を持つことが必要でしょう。「ゆるリーダーシップ」で時間ができれば、昇進を目指すために、行動を起こすことも可能になります。

まだまだ現場の声が反映される組織は少ないです。現場を知る人が管理職になって、現場改善を進めていくことがベストです。

「一緒に働くメンバーのためにも、より良い組織にしたい」という気持ちを持てる人が昇進するほど組織にはプラスになります。組織改善など「やりたいこと」が明確な人は行動力が違います。

時間ができて、やりたいことが見つかると、先を見据えて準備をするようになります。組織的に上の立場に行くと、先を見据える考え方や行動が必要です。さらに、自ら後継の人財の準備等を進められる人であれば、なおさら昇進の可能性は高まります。

やりたいことが明確でなければ重要度の低い楽なほうに目を向けてしまいます。結果として低空飛行を続けることになってしまうので、やりたいことを見つけて、次のステップに進んでほしいと思います。

ゆ 組織の自律はリーダーの人生を豊かにする

組織が自律しはじめると、リーダーの手から離れていきます。そうなったら、**リーダー自身の人生を充実させるための「やりたいこと」も実現できます。**

やりたいと思っていることがすぐに思いつかないこともあるでしょう。その場合は、時間がなくてできていないことや時間があったらやってみたいことを考えてみてください。

「やりたいこと」が仕事の場合、自分が楽になる仕組みや周囲が楽になる仕組みをつくることも、さらなる時間を生み出すことにつながります。

今回の出版も、今後の講師業やコンサルタント業も私の「やりたいこと」です。

やりたいことに向けて取り組んだことは、自身の成長にもつながったと思いますし、人生の幅も広げることができたと思います。

・やりたいことがあると、事業承継の問題も解決する

後継者不足が事業承継の課題と言われていますが、事業承継が進まない一番の理由は、社長が「社長の椅子」にしがみついているだけの場合があります。つまり社長にやりたいことがないから、社長の座を維持しているだけなのです。

やりたいことが明確な社長は早々に事業承継を済ませます。例えば、創業社長が自身の築き上げた技術を後世に伝えたいと考えたとします。技術コンサルタントとして指導にあたるための会社を設立したいと考え、承継の準備を本気で進めていきます。

やりたいことは仕事でなくてもいいのです。リタイアして南国に移住したいと本気で考える社長も承継をスムーズに進めるでしょう。後継者がいないから、と

「できない理由」を言うのではなく、「どうすればできるのか」を真剣に考えるからです。

やりたいことが「今の社長業」という場合であれば、そのまま続けていればいいと思います。後継者に関係なく好きだからやっているという理由は健全です。

やりたいことはあるが、やる時間がないと感じている社長もいると思います。だからこその「ゆるリーダーシップ」。「ゆるリーダーシップ」で時間をつくればいいのです。

もしかすると、**今はやりたいことがないと思っている社長も、時間がないことを理由に考えられていないだけかもしれません。**時間をつくって、考えてみるとやりたいことが見つかるものです。

ぜひ、やりたいことを見つけて事業承継の問題を解決しましょう。

ゆ

「ゆるリーダーシップ」で永続する組織になる

いかがだったでしょうか。ここまでマネジメントが楽になり、自律型組織につながる「ゆるリーダーシップ」をご紹介してきました。

一言でまとめると、**永続する組織とは、社員自身が自分で考えて行動する、自律型組織**です。そのためには、**リーダーが手綱をゆるめ、考えざるを得ない状況をつくることが必要なのです。**

企業の理想や組織の理想に社員を合わせようとせず、社員に組織が合わせる。

それが「ゆるリーダーシップの根幹」です。

テクノロジーの発達により、変化の激しい時代です。社員の入れ替わりもより激しくなっています。社員の入れ替わりは組織の変化ですから、その組織は何度何度も人の変化に合わせて変わっていくのです。

何度も変化してきた組織は、変化に強くなります。そういう組織は、時代の流れや経済的に大きな変化があったとしても、内部の変化対応を柔軟しながら永続していきます。

「ゆるリーダーシップ」がゆえに業績が悪化してしまった場合の対処もお伝えしました。経営指針を基準としてしっかり持ち、それをベースに変化していくのです。基準があるから変化がしやすく柔軟な対応を可能にします。

最後に変化に強くなり、永続的な企業を築くための3つのポイントをまとめます。

❶ 経営指針というベースがあるので変化しやすい

経営指針は常に企業活動の土台です。先々を見据えていますし、行動も計画していきます。形が見えているので変化がしやすいのです。すべてが確実にできていなくても問題ありません。経営指針書を作成して、毎年見直しいくことが大事なことです。もし無いようであれば、まずは経営指針をつくりましょう。

❷ 社員に合わせた組織づくり

社員に合わせて組織を変えていくので、「変わる」ということに対して耐性ができていきます。構成するメンバーによって組織が変化し、社員の成長でも組織が変化していきます。組織を基準にしていない分、常に変化しているので強くなります。

❸「ゆるリーダーシップ」で余力がある

やらないことが多く、やっても力を抜いているので、時間的な余力ができます。余力があるから変化に対応していけるのです。余裕のないリーダーは目の前のことに集中せざるを得ないので、変化に対応していく余力がありません。「ゆるリーダーシップ」を発揮して時間的な余裕や資金的な余裕をつくっていきましょう。

以上が、赤字続きだった企業をV字回復させた、「ゆるリーダーシップ」の全容です。企業によっては、すべてを取り入れることは難しいかもしれません。

それでも、この考えを知っておくだけで、あなたの組織運営への意識は変化するでしょう。

ぜひ「ゆるリーダーシップ」を、組織と、自分自身の幸せに役立てていただければと思います。

ゆ　おわりに

この本は、私が臆病だからこそ、自分に自信の持てない優しいリーダーに届けたい気持ちで書きはじめました。しかし、書き進めていくうちにこの本は「すべてのリーダーの悩みを解決する」そんな内容になったのではないかと思っています。

一人で起業して最近スタッフを雇いはじめた人や、初めての部下をどうマネジメントすればいいかを悩んでいるリーダー、一定の売上・社歴のある経営者など多くのリーダーが、マネジメント・育成に悩んでいます。

「ゆるリーダーシップ」は、人間関係に悩んでいるリーダーの皆さん誰もがマネできるリーダーシップです。本書を読んで「これなら自分にも取り入れられる」と感じてもらえたのであれば、嬉しい限りです。

企画書の段階では、部下との信頼関係の構築を中心にコミュニケーションの取り方を伝える内容で検討してきました。内容を詰める最終段階に入った2022年の秋、社員二人から「社長、ちょっとゆるすぎませんか」と言われ、自分があえてリーダーシップをゆるくしていたことに気づくのです。ゆるいリーダーシップがこれまでに私がやっていたリーダーシップだったというわけです。

ただ「ゆるリーダーシップ」は私一人がつくり上げたものではありません。怖い存在でワンマンの3代目である祖父、愛されキャラで放任スタイルの4代目である父、そして5代目である私と70年近い現場での実践を経ながら生まれてきたものでもあります。時代の変遷と共に一緒に働いてくれた社員がいたからこそできあがったのです。

5代目である私は、良く言えば謙虚ですが、ありのままの自分をさらけ出すことを恐れていただけの人間です。そんな私が、突然33歳で経営者になってしまいます。

経営者は何をする人なのかもわからず不安しかない状態でのスタート。

そこで藁をもすがる気持ちで参加した最初の学びが、中小企業家同友会の経営指針研究会でした。何をする会なのかもわからず、何か少しでも勉強になればいいという気持ちでの参加でしたが、経営者として最初の一歩を踏み出すには最適な勉強会でした。おかげで「何のために経営をするのか」「どんな会社にしたいのか」という根幹を考えることができました。

この研究会に誘っていただき、親身になってサポートをしてくれた株式会社キョクオーの松井さんには、感謝しかありません。何も頼れるものがないという感覚の私にとっては、心強い存在でありました。私の成長していく姿を見てもらうことが恩返しの形になると思い活動しています。
また当時の研究会で真剣に向き合ってくれていた委員の皆さんや、経営指針に関わる人を中心に同友会の多くの仲間にも感謝しています。

真剣に学び始めると、また新たな出会いが待っています。目標設定の大切さを教えていただいたのが、有限会社リバティー北海道の覚張さんです。今でも毎年11月に開催してくれている行動計画セミナーには毎年参加させてもらい、熱量の高い多くのメンバーと交流ができています。今回の出版も目標に掲げ達成できたことの一つです。

多くのことを学べば学ぶほど、自分自身に様々な考えが浮かんできます。その考えを実行レベルに落とし込む際に協力していただいているのが、ＮＢＣコンサルタンツ株式会社の高橋さんです。冷静に一歩引いたところからサポートしてもらっていることで事業運営が強固なものになっています。

他にも数名のコンサルタントが私のサポートをしてくれています。このサポートがあるからこそ、今回の出版など新たなことへ挑戦しやすくなっています。支えてくれている方々、切磋琢磨し一緒に学んでくれる仲間がいるので、行動することや学ぶことが楽しいと感じられているのです。

今回の出版では、企画段階から協力してもらっている株式会社J．Ｄｉｓｃｏｖｅｒの城村さんをはじめスタッフの皆さんには大変お世話になりました。私の知らない世界を丁寧に導いていただき、ありがとうございます。

執筆や個人事業の準備など私のいない会社を守ってくれていた社員のみんな、そして私の活動を応援してくれている家族にも感謝しています。

おわりに

最後に今回の出版を自分事のように喜んでいただいた皆さん、ならびに本書を読んでいただいた皆さんへ、本当にありがとうございました。皆さん自身のマネジメントが楽になり笑顔で働けること、また周囲の人も笑顔で働けるようになり笑顔が循環する社会になることを心から願っております。

【参考書籍】

『だから僕たちは、組織を変えていける —やる気に満ちた「やさしいチーム」のつくりかた』
p.94 ~ 97　（著）斉藤徹 / クロスメディア・パブリッシング

『心理的安全性のつくりかた「心理的安全性」が困難を乗り越えるチームに変える』
p.49 ~ 57　（著）石井遼介 / 日本能率協会マネジメントセンター

『完訳　7つの習慣　人格主義の回復』
p.263 ~ 274（著）スティーヴン・R. コヴィー
（訳）フランクリン・コヴィージャパン / キングベアー出版

『リーダーの仮面 -「いちプレイヤー」から「マネージャー」に頭を切り替える思考法』
p.65 ~ 67、p.102 ~ 104（著）安藤広大 / ダイヤモンド社

渡邊幸洋（わたなべ・ゆきひろ）
渡辺農機株式会社　代表取締役
渡邊幸洋事務所　　代表
企業のための関係構築コンサルタント

30年近く赤字続きだった会社を承継して１年で黒字化。その後はステークホルダーとの関係構築や自律型社員が育つ「ゆるリーダーシップ」により業績を安定させる。売上倍増、黒字経営でV字回復に成功。

現在は、会社経営の傍らコンサルタント事業、執筆業、講師業を行う。笑顔で働ける人を増やし笑顔が循環する社会づくりを目指している。

企画協力：Jディスカヴァー

マネジメントを楽《らく》にする　ゆるリーダーシップ

2023年11月16日　初版発行

著　者　渡　邊　幸　洋
発行者　和　田　智　明
発行所　株式会社　ぱる出版
〒160-0011　東京都新宿区若葉1-9-16
03(3353)2835－代表
03(3353)2826－FAX
印刷・製本　中央精版印刷(株)

本書籍に関する問い合わせ、ご連絡は下記にて承ります。
https://www.pal-pub.jp

ISBN978-4-8272-1423-9　C0034